Markus Kalb

herzblut

Dynamische Jugendarbeit

Wie deine Jugendarbeit Leben verändert

— puls medien —

Für alle Jugendmitarbeiter,
die ihr Herzblut in mich investiert haben
Danke, Matz Jäckel, Thomas Görner und Stefan Hees!

Bibliografische Information der Deutschen Nationalbibliothek
Die Deutsche Nationalbibliothek verzeichnet diese Publikation in der
Deutschen Nationalbibliografie; detaillierte bibliografische Daten sind
im Internet über http://dnb.ddb.de abrufbar.

Markus Kalb
herzblut – Dynamische Jugendarbeit: Wie deine Jugendarbeit Leben verändert

© 2013 pulsmedien, Worms
Best.-Nr.: 652.819
ISBN: 978-3-939577-19-5

Lektorat: Frauke Bielefeldt
Satz: Holger S. Hinkelmann
Cover und Umschlag: Jenny Alloway
Druck und Verarbeitung: CPI Ebner & Spiegel, Ulm

An vielen Stellen verwendet der Autor seine eigenen Bibelübersetzungen bzw. greift
Bibelzitate leicht vereinfacht auf. Wörtliche Bibelzitate sind kursiv gesetzt und (so-
weit nicht anders angegeben) der Neuen Genfer Übersetzung entnommen, © 2011
Genfer Bibelgesellschaft.

www.pulsmedien.de

Inhalt

Herzlich willkommen!

Schön dass du dieses Buch in deiner Hand hältst! Und super, dass du sogar anfängst, mal ein bisschen zu lesen (und das tatsächlich ganz von vorne ☺). Damit du weißt, ob es sich lohnt weiterzulesen, möchte ich dir gleich am Anfang ein paar Infos über mich und dieses Buch geben. In diesem Buch geht es um Teenager- und Jugendarbeit. Und weil Teenager auch Jugendliche sind und es sich flüssiger liest, werde ich von nun an nur noch von „Jugendarbeit" sprechen, auch wenn die Teenies mit gemeint sind. Einverstanden? Gut ...

Jugendarbeit gehört für mich immer noch zu den schönsten und wichtigsten Dingen, die man in seinem Leben tun kann. Ich bin davon total begeistert und gute Jugendarbeit ist mir extrem wichtig. Ich bin schon seit 20 Jahren mit dabei. Damals durfte ich, endlich 14, in den Jugendkreis. Das Programm war zwar eher einfach, aber es waren tolle Leute da, die „Großen" waren cool und ich durfte dazugehören.

Irgendwann habe ich dann angefangen mitzuarbeiten. Erst ein bisschen, dann mit Verantwortung – und seit über 12 Jahren ist Jugendarbeit mein Job. Das finde ich absolut genial! Und jetzt, jetzt schreibe ich ein Buch über Jugendarbeit und darüber, wie sie sein muss, damit sie auch gut ist. Ich möchte dich damit gerne inspirieren und es würde mich riesig freuen, wenn ich dich damit motivieren kann und dir zeigen kann, wie wertvoll die Arbeit ist, die du tust! Manchmal will ich auch ein bisschen herausfordern und dein Denken wachkitzeln. Ich brauche selbst manchmal eine direkte Ansprache von guten Freunden, die mich schätzen. So meine ich das auch in diesem Buch. Du bist mir wichtig und ich möchte gerne offen reden. Klar, du darfst immer anderer Meinung sein als ich. Aber es wäre total cool, wenn du dich mit den Gedanken, die ich dir hier präsentiere, auseinandersetzt. Das wird dir bestimmt helfen – und dann auch deinen Jugendlichen. Versprochen!

Jugendarbeit ist für mich nicht einfach nur ein interessantes, sozialpädagogisches Tätigkeitsfeld – oder ein christliches Programm, das halt dazugehört. Ich mache Jugendarbeit, weil ich Jugendliche liebe. Deshalb

9

schreibe ich auch dieses Buch: weil ich die Jugendlichen liebe! Ich habe Hoffnung für sie und möchte sie positiv, geistlich prägen. Ich möchte Teens und Jugendlichen helfen, zu reifen Persönlichkeiten zu werden, die aufrecht, mutig und positiv durch diese Welt gehen. Mit Jesus tief im Herzen. Das motiviert mich.

Klar, die Arbeit mit Jugendlichen fühlt sich bei mir auch nicht immer nur super an: Ich kenne auch Frust, Kopfschütteln. Manche Jugendliche machen es einem auch nicht leicht. Ein paarmal war ich kurz davor aufzugeben: *Macht euern Mist doch allein!* Manchmal war ich echt ziemlich genervt. Demotiviert. Desillusioniert. Und wenn du schon länger Jugendarbeit machst, hast du eine Ahnung, wovon ich reden könnte. Jugendliche können wirklich nerven. Sie können einen an die Grenzen bringen. Sie können ... – ja, sie können das echt. Aber die Hoffnung lebt! Die Liebe zu Jesus und den Jugendlichen lebt. Darum schreibe ich dieses Buch.

Ich schreibe dieses Buch, weil ich die Gemeinde liebe. Und weil ich fest glaube, dass nur die Gemeinde – damit meine ich eine verbindliche Gemeinschaft von Christen vor Ort – der Ort ist, an dem Jugendliche so werden können, wie Gott sie gedacht hat. Nur in einer guten Jugendarbeit finden Jugendliche den Rahmen, der ihnen hilft, sich selbst zu finden, ein geistliches Fundament zu bauen, starke Persönlichkeiten zu werden und Jesus ähnlicher zu werden. Das glaube ich.

Natürlich: Ich habe auch das schon oft vergessen oder verworfen. Bin manchmal fast verzweifelt an Gemeinde und der Arbeit darin. Wie kann es sein, dass Christen sich gegenseitig ... du weißt schon. Und wie kann es sein, dass Gott in seiner Familie duldet, dass ... Wenn du in einer Gemeinde bist, dann kennst du vielleicht auch ein paar traurige Geschichten. Aber die Hoffnung lebt. Gottes Idee von Gemeinde ist größer. Davon handelt dieses Buch.

In diesem Buch soll es also um Jugendarbeit gehen. Aber eigentlich stimmt das gar nicht: Es geht um Jugendliche. Und um dich als Mitarbeiter. So habe ich das Buch in drei Teile gegliedert: In Teil 1 geht es um dich als Mitarbeiter. Dein Herz, deine Einstellung. Dann geht es in Teil 2 darum, wie du dir ein Team zusammenstellst, das mit genauso viel Herzblut dabei ist. Und in Teil 3 geht es um deine Jugendlichen, um ihr Herz. Denn das ist deine „Jugendarbeit".

Eine Sache noch, damit das niemand in den falschen Hals kriegt: Vielleicht wird dir auffallen, dass die meisten Beispiele in diesem Buch von Jungs handeln. Das liegt zum einen daran, dass ich als männlicher Mitarbeiter meinen besonderen Fokus in den Jugendarbeiten meistens auf Jungs gelegt habe. Zum anderen habe ich über viele Jahre eine reine Jungs-Klein-gruppe geleitet. Und zuletzt waren die Teams, in denen ich in den letzten Jahren als Jugendreferent gearbeitet habe, sehr männerlastig. Natürlich treffen fast alle Beispiele genauso auch auf Mädels zu und es gäbe von ihnen genauso viel zu erzählen.

Ich bin gespannt, wie dir dieses Buch helfen wird. Was genau dich an-spricht, motiviert, begeistert, herausfordert – weiterbringt. Du kannst mir gerne schreiben: an herzblut.buch@gmail.com oder auf www.pulsmedien.de/pulsbucher einen Kommentar abgeben!

Gott segne dich beim Lesen – und durch dich deine Jugendlichen.

Soli Deo gloria![1]

Dein Markus

TEIL 1

Das

herz

des Jugendmitarbeiters

Jesus lieben – Jugendlichen dienen

1

Sei ein Vorbild

Darf ich mit einer Frage anfangen? Einer Frage, die ich mir selbst und anderen Jugendmitarbeitern immer wieder stelle, da sie mir hilft, mich zu fokussieren. Stell dir deine Jugendarbeit vor. Das, was ihr tut, und das, was euch ausmacht. Und dann beantworte für dich diese Frage:

? — | *Was ist das wichtigste Element für eine gute Jugendarbeit?*

Ich habe diese Frage in den letzten Jahren vielen Mitarbeitern gestellt und wirklich viele interessante Antworten bekommen. Was wäre deine?

Diese Frage scheint mir richtig wichtig zu sein, da die Antwort darauf ganz viele andere Sachen automatisch ordnet und ihnen Priorität gibt. Deine Antwort auf diese Frage gibt einen Hinweis auf eure Vision, Leidenschaft und Prioritäten. Folgende Antworten von Jugendmitarbeitern haben mir besonders gut gefallen:

- ein eigener Jugendraum
- die Unterstützung von der Gemeinde
- ein eigener Tischkicker (ehrlich, das hat einer gesagt!)
- gute Lehre (okay ... was genau das ist, müssten wir noch klären)
- Gemeinschaft („piep, piep, piep ...")
- Action und Spaß
- Evangelisation
- Anbetung
- Jugendkultur verstehen
- Gebet (stimmt natürlich immer, irgendwie)
- Pünktlichkeit (okay ... das habe ich jetzt erfunden ☺)

Was würdest du antworten?

Ich weiß nicht, was du wichtig findest. Und natürlich ist an unterschiedlichen Orten in unterschiedlichen Situationen auch immer mal was anderes gerade besonders wichtig. Aber eines gilt nach meiner Überzeugung immer:

Du bist das Wichtigste und Wertvollste, was es in deiner Jugendarbeit gibt. Du als Mitarbeiter, als Mensch, als Persönlichkeit. Wer du bist und wie du bist, prägt deine Jugendlichen am meisten.

Ich glaube, Paulus hat das auch so gesehen. Als er seinem jungen Freund und Mitarbeiter Timotheus einen Brief schreibt, um ihm zu helfen, seinen krassen Job als Gemeindeleiter in Ephesus gut zu machen, da geht es ihm genau darum: „Timotheus: Wer bist du? Wie bist du? Wie geht es deinem Herzen?" Paulus liebt Timotheus wie einen Sohn. Er will ihn unterstützen und ihn ausrichten. Darum schreibt er ihm alles, was aus seiner Sicht wichtig ist für Timotheus und seine verantwortliche Leitungsaufgabe. Und das ist für dich und mich heute auch total spannend!

Das liest sich dann zum Beispiel so:

Du musst in jeder Beziehung ein Vorbild sein, in allem, was du sagst und tust: in der Liebe, im Glauben und in deiner ganzen Gesinnung. (1. Timotheus 4,12b)

Das ist ein Schlüsselvers in diesem Brief. Und den finde ich auch für unsere Arbeit mit Jugendlichen so zentral, dass ich gerne am Anfang dieses Buches genauer mit dir da hineinschauen will.

Timotheus als Vorbild

Timotheus war jung, was zu seiner Zeit noch ein bisschen mehr bedeutete als heute. Autorität hatte man, wenn man graue Haare hatte. Wenn man alt war. Wer jung war, hatte einem Älteren nichts zu sagen. Wer jung war, wurde weder als Respektsperson noch als Vorbild für die Älteren akzeptiert. Eigentlich. Darum ist es Paulus so wichtig, Timotheus zu ermutigen und ihm zu helfen, seine Vorbildrolle anzunehmen, obwohl er so jung ist. Paulus traut Timotheus das zu. Geistliche Reife ist nicht vom Alter abhängig.

Heute ist das anders. Für uns spielt das Alter einer Person nicht mehr so die Rolle. Fachkompetenz, eine übertragene Rolle oder die Ausstrahlung stehen für uns im Vordergrund. Und als Jugendmitarbeiter hast du da einen Vorsprung. Vermutlich bist du älter als deine Jugendlichen – oder zumindest genauso alt. Und du bist Mitarbeiter, hast also diese Rolle bekommen. Und du hast Ausstrahlung. Das bedeutet: Du bist in jedem Fall ein Vorbild für deine Jugendlichen. Die Frage ist nur: Was für eins?

Ich weiß, dass nicht allen Mitarbeitern ihre Vorbildrolle bewusst oder sympathisch ist. Manche finden das richtig super und andere wollen das gar nicht. Aber die Frage, ob wir diese Vorbildrolle nun gut finden oder nicht, stellt sich so eigentlich gar nicht. Denn es gibt nichts, was die Jugendlichen stärker prägt, als das, was du bist und lebst. Dein Sein ist immer stärker als dein Tun. (Das, was du sagst, kommt später noch …)

Dabei setze ich voraus, dass wir alle unsere Jugendlichen prägen wollen. Wir wollen ihnen helfen, sich persönlich und geistlich zu entwickeln. Darum müssen wir unsere Rolle als Vorbild ernst nehmen und annehmen.

„Sei ein Vorbild!" – Für diese Aussage benutzt Paulus ein sehr starkes Wort. Es wurde zum Beispiel auch dafür gebraucht, wenn ein Herrscher sein Gesicht auf eine Münze prägen ließ. Darum gefällt es mir auch so: Präge die anderen! Sei ein Vorbild!

So weit die Theorie.

Du kannst nicht kein Vorbild sein

Ich war zu einer Beratung eines Jugendteams im Westerwald unterwegs und hatte einen tollen Abend mit einem motivierten Mitarbeiterkreis. Es war spät geworden. Ich war zufrieden und müde und freute mich schon auf die Heimfahrt. Beim Zusammenpacken von Flipchart und Stiften merkte ich dann, dass der Jugendleiter noch was loswerden wollte. Er druckste herum, als wollte er noch etwas ansprechen. Als er dann auch noch anbot, meinen Koffer zum Auto zu tragen, war klar, dass der Abend noch ein bisschen dauern würde.

An den Kofferraum gelehnt erzählte er mir, dass einer seiner Mitarbeiter seit einigen Monaten eine Freundin hat. *Schön!*, denke ich. Dummerweise ist sie kein Christ. *O – schade*, denke ich. Und das ist es auch. Jetzt wollen sie zusammen in den Urlaub fliegen. Sehr schade. Zu zweit allein, in Malle im Hotel. Und das findet der Jugendleiter nicht so hilfreich und vorbildlich, weiß aber nicht so recht, ob und wie er das ansprechen soll. Darum bittet er jetzt mich, mit dem Mitarbeiter zu sprechen. *Toll, super Job! Gibt es keinen anderen dafür?*

Also bin ich wieder reingegangen ins Gemeindehaus und wir haben uns zu dritt zusammengesetzt. Der Mitarbeiter war auch durchaus freudig gesprächsbereit und fand es sofort wichtig, offen darüber zu reden. Sein persönliches Fazit lautete: „Ja, das stimmt: Ich finde das grundsätzlich nicht so ganz richtig und für meine Jugendlichen ist das auch kein gutes Vorbild."

Gut, das war ja einfacher, als ich gedacht hatte. Aber er war noch nicht ganz fertig: „Bei mir ist das halt was anderes. Das sage ich den Jugendlichen aber auch."

Ich war leicht verwirrt: „Was sagst du ihnen auch?"

„Na, dass ich in dem Punkt für sie kein Vorbild bin."

Ach so – das ist ja eine super Idee! Und das klappt?

Natürlich klappt das nicht. Was aber immer „klappt": Ich bin Vorbild in allem, was ich bin. Und was ich tue. Ich kann nicht *kein* Vorbild sein. In großen wie in kleinen Dingen. Ich präge immer. Die Frage ist: Präge ich gut und geistlich – oder schlecht? Und unabhängig davon, ob du das Beispiel oben gut findest oder nicht, klar ist: Ich präge zuerst durch mein Leben. Und wir werden aufgefordert, das ernst zu nehmen und uns zu prüfen.

Darum führt Paulus das auch noch ein bisschen konkreter aus. Damit Timotheus Bescheid weiß – und wir heute gleich mit. Sei ein Vorbild …

- ■ *„in allem, was du sagst":* Was sage ich? Wie rede ich? Bauen meine Worte auf? Lobe ich? Bin ich ehrlich? Bin ich aufrichtig? Habe ich überhaupt was zu sagen?

- ■ *„in allem, was du tust":* Das betrifft mein ganzes Leben, nicht nur den Freitagabend in der Jugend. Wie ich Auto fahre. Wie ich mit meinem Geld umgehe. Wie ich mit meiner Frau oder Freundin umgehe, mit meinen Feinden, mit denen, die schwach sind. Wie ich mit den nicht so Coolen in der Jugend umgehe, den Außenseitern. Wie ich die behandle, die mich immer nerven.

- ■ *„in der Liebe, im Glauben, in deiner ganzen Gesinnung":* Wow, jetzt wird es kompliziert! Wen liebe ich – und wie stark? Wie groß ist mein Vertrauen auf Gott? Wie meistere ich Krisen? Ist Gott der Herr in allen Bereichen meines Lebens? Merkt man mir an, dass Gott toll ist? Spürt man mir ab, dass man ihm vertrauen kann?

Paulus spricht Timotheus mitten ins Herz. Er spricht von seinem Charakter. Von echter Persönlichkeit. Er spricht einfach von der Art Mensch, die Timotheus ist und sein kann. Er fragt nach seinem Herzen. Nach seinem persönlichen geistlichen Leben. Und weil ich das so gut finde und mich das selbst immer wieder neu hinterfragt und motiviert, möchte ich dich das auch fragen:

 **Wie geht es deinem geistlichen Leben? Was macht dein Herz? Gerade jetzt?**

Du darfst gerne innehalten, ohne einfach weiterzulesen.

Hast du eine gute Antwort für dich gefunden? Eine ehrliche, tiefe Antwort? Spürst du dein Herz? Kannst du die Qualität deiner Beziehung zu Gott erspüren? Fallen dir Worte dazu ein? Gut. Dann gehen wir weiter.

Wie glaubst du, wird es in fünf Jahren sein? In zehn?

Warum meinst du, wird es in fünf oder zehn Jahren so sein, wie du es dir gerade vorstellst? Was lässt dich hoffen, dass du Jesus näherkommst?

Hier sind wir nicht nur im Zentrum deines Herzens, wir sind hier im Zentrum einer guten Jugendarbeit!

Ich durfte vor 20 Jahren als 14-jähriger Bub endlich in den Jugendkreis. Ich habe ja schon erzählt, dass ich das total cool fand. Jungschar war ja nett, aber im Jugendkreis, da waren die Coolen. Die Großen. Ich habe sehr positive Erinnerungen an diese Zeit, denn dieser Jugendkreis hat mein geistliches Leben, meine Beziehung zu Jesus, mein Christsein und Christbleiben entscheidend geprägt.

Komischerweise erinnere ich mich aber an keine einzige Bibelarbeit – nur noch an das „Gefühl", das ich dabei oft hatte. Ebenso wenige konkrete Situationen sind in meinem Gedächtnis hängen geblieben. Aber ich erinnere mich noch sehr gut an einzelne gute Gespräche mit meinem Jugendleiter und an das, was er als Person ausgestrahlt hat! Das prägt und beeindruckt mich – bis heute.

Mein erster Jugendleiter war Matz. Er war ein Abenteurer, der auch manche echte Herausforderung im Leben meistern musste. Sein Vertrauen auf Gott, seine radikale Liebe zu Jesus, seine Gastfreundschaft und sein Humor haben mich beeindruckt und verändert. Es war einfach das, was er als Person war und wie er gelebt hat.

Heute bin ich Jugendreferent. Mein erklärtes Ziel ist es, Jugendliche und Mitarbeiter positiv zu prägen. Und auch wenn es das nicht wäre – ich präge sie sowieso. Wenn ich eine Freizeit leite. Wenn ich einen Schulungskurs leite. Oder wenn ich irgendwo bin, um zu predigen. Jugendliche beobachten mich. Was sehen sie?

Bei dir und deiner Arbeit vor Ort ist das noch stärker der Fall. Deine Jugendlichen beobachten dich. Du *wirst* sie prägen! Dein persönliches geistliches Leben ist dein kostbarstes Gut. Pass drauf auf. Lass es wachsen. Und lass es leuchten.

2

Liebe Jesus – und dann deine Jugendlichen

Schön, dass du noch da bist und weiterliest. Ich finde, wir sind auf einer super Reise ins Zentrum der Jugendarbeit. Und im Zentrum, da stehen glücklicherweise nicht wir, sondern Jesus. Und bevor du jetzt laut rufst „Kenn ich! Weiß ich!": Ich meine das wirklich so. Jesus ist das Zentrum. Das Ziel, der Motor, alles ... Er ist es, der uns prägt. Er ist es ja, den wir lieben und mit dem wir leben.

Das gilt natürlich nicht nur für Jugendmitarbeiter, sondern ist das Fundament von jedem, der sich Christ nennt. Jesus hat das immer mal wieder auf den Punkt gebracht: „Wenn ihr mir nachfolgt, müsst ihr mich lieben. Und dann den Nächsten." Eine Aussage von Jesus gefällt mir dabei besonders gut, sie ist einer meiner Lieblingsverse:

> „Du sollst den Herrn, deinen Gott, lieben von ganzem Herzen, mit ganzer Hingabe und mit deinem ganzen Verstand! Dies ist das größte und wichtigste Gebot. Ein zweites ist ebenso wichtig: Liebe deine Mitmenschen wie dich selbst! Mit diesen beiden Geboten ist alles gesagt, was das Gesetz und die Propheten fordern." (Matthäus 22,37–40)

Mit diesen beiden Geboten ist alles gesagt, sagt Jesus. Darum ist es bestimmt gut, wenn wir diese beiden Gebote ein bisschen genauer ansehen, bevor wir andere Themen konkret angehen. Bist du dabei? Sehr gut.

Jesus will zuallererst, dass ich ihn lieb habe. Jesus will, dass wir ihn mehr als alles lieben. Das ist ihm total wichtig. Und wenn wir unseren Jugendlichen ein Vorbild sein sollen, dann zuallererst und vor allem hierin. Sehen meine Jugendlichen, dass ich Jesus liebe? Woran sehen sie das?

In Matthäus 12,34 sagt Jesus, dass wir über das, was uns wichtig ist, auch oft reden. Dass das, was in unserem Herzen brennt, auch rauskommt. Und wenn das nur der BVB ist oder Bayern München, dann ist das wirklich schade (wäre es der VfB Stuttgart, wäre ich ein klein wenig barmherziger ☺).

Deine Jugendlichen merken, was dir wichtig ist. Und Jesus sagt: *Ich muss es sein!* Ihn müssen wir toll finden, lieben, anbeten. Uns an ihm freuen. Wenn wir Jugendlichen Jesus lieb machen wollen, müssen wir ihn auch selbst lieb haben.

Das ist etwas anderes, als ihn für wahr zu halten. Es ist sogar etwas anderes, als ihm treu nachzufolgen. An ihn zu glauben. Seine Werte zu leben. Jesus will, dass ich ihn lieb habe. So richtig mit Herz und Haut und Haaren.

Ich habe bei mir gemerkt, dass sich sogar die Jugendarbeit zwischen mich und Jesus schieben kann. Und das ist nicht gut. Vielleicht hilft es dir auch, genau darüber ein bisschen nachzudenken:

Wie sehr liebst du Jesus?

- Auf einer Skala von 1 bis 10: Wie lieb hast du Jesus im Moment?
- Gibt es etwas oder jemanden, den du mehr liebst oder der gefährlich nah an Jesus rankommt?
- Sag Jesus doch genau jetzt, wie lieb du ihn hast. Und überlege dir eine Sache, die du tun kannst, um die Liebe zu ihm größer werden zu lassen.

Ich habe mir gerade überlegt, dass ich jetzt einen Spaziergang mache, mit Anbetungsmusik auf den Ohren, und mit Jesus durch den Wald laufe. Das ist wichtiger als Bücher schreiben. Bis gleich also!

So, da bin ich wieder. Das war schön und das hat gutgetan. Aber ich möchte es mir nicht zu leicht machen oder diesen Punkt allzu schnell überrennen. Ich glaube, dass viele von uns jungen Christen echte Schwierigkeiten damit haben, Zeit mit Gott zu verbringen. Das sehen wir ja bei unseren Jugendlichen. Aber das merke ich auch bei mir selbst. Wie verbringe ich denn so Zeit mit Gott, dass meine Liebe zu ihm wirklich größer wird? Dass mein Herz von seiner Liebe wirklich überfließt?

Ich rede mit Gott, ich rede über Gott, ich verteidige ihn, ich kämpfe für ihn, ich singe ihm Lieder, ich diene ihm. Aber finde ich Zeit und Wege, die Liebesbeziehung zu ihm zu pflegen?

Das ist ein Kampffeld – und viele von uns haben genau diesen Kampf aufgegeben. Es ist der Kampf um Stille in einer lauten Welt. Der Kampf um Besinnung, in einer von Sinnlosigkeit erfüllten Welt. Der Kampf um Gelassenheit, mitten in der Hektik. Der Kampf um Romantik. Um ein hörendes Herz. Gib diesen Kampf nicht auf, denn das wäre gefährlich!

Gott geht es um nichts mehr als um Beziehung. Um seine Beziehung zu dir. Um seine Beziehung zu den Jugendlichen. Und um deine Beziehung zu den Jugendlichen. Das ist Jugendarbeit. Mehr nicht. Darum dürfen wir diesen Kampf nie aufgeben. Und der Kampf heißt nicht „mehr tun", sondern: „weniger tun"! Langsamer werden. Zur Ruhe kommen. Gott suchen. Stille finden. Liebe finden. Jesus finden.

Also, ich will ja jetzt nicht nerven, aber vielleicht wäre es gerade jetzt dran, tief durchzuatmen, das Buch zur Seite zu legen und die Stille mit Gott zu suchen. Mit einem Gebetstagebuch. Mit Lobpreismusik … wie auch immer. Wenn du es vorhin nicht schon gemacht hast – oder auch gerne gleich noch einmal. Okay?

Okay … dann bis gleich!

Willkommen zurück ☺. Und jetzt, wo Jesus unser Herz wieder mit Freude erfüllt, können wir überlegen, was das weiter heißt. Jesus lieben heißt dann auch, deine Jugendlichen zu lieben. Die Reihenfolge ist dabei total wichtig, aber man kann beides auch nicht voneinander trennen. Das gehört zusammen!

Wenn deine Liebe zu Jesus da ist, dann wirst du deine Jugendlichen lieben. Vor der Jugendstunde und danach. (Und währenddessen auch, klar ☺.) Beim Vorbereiten und beim Entspannen. Vor allem anderen und in allem anderen. Gott lieben und den Nächsten lieben – das ist eins. Sagt Jesus. Punkt.

Und? Liebst du sie? Deine Jugendlichen? Alle?

Klar, da fallen dir ein paar ein, mit denen verstehst du dich super. Das sind schon fast Freunde. Und dann gibt es einige ... ja, die magst du schon auch. Schließlich sind sie echt fit, engagiert und irgendwie süß. Ja – du magst sie, deine Jugendlichen.

Aber dann gibt es da auch noch ein paar andere. Jetzt mal ohne Namen zu nennen: die zwei nervigen Jungs, die eigentlich nur kommen, um sich an die braven Mädels ranzumachen. Oder um dich zu provozieren. Die eine, die du noch nie ein nettes Wort hast sagen hören. Oder die Unmotivierten, die sich einfach nicht dazu herablassen (oder besser gesagt: heraufassen!), sich vom Sofa zu erheben, um ihren Finger auch nur ein klein wenig krumm zu machen. Typisch!

Und die Unverbindlichen. Die Zickigen. Die Ungeistlichen. Die mit ihren ständig gleichen nervenden Fragen. Die Anhänglichen. Die Zurückgezogenen. Die Wilden. Die Stillen. Die Lauten. Die Motzer. Die Destruktiven. – Fällt dir noch jemand ein?

Was soll das heißen, dass du die alle lieben sollst? Klar, du jagst sie ja nicht vom Hof oder aus dem Jugendraum. Na also, Test bestanden. Aber wir wollen ja hier keine Tests bestehen, sondern uns dem Zentrum der Jugendarbeit so nähern, dass uns das im Leben hilft. Darum lass uns noch ein bisschen genauer hinsehen. Denn ohne Liebe, die aus unserem Herzen fließt, ist alles, was wir sonst noch tun, total wertlos.

Am krassesten werden wir mit dieser simplen Tatsache der Liebe im 1. Korintherbrief konfrontiert. Da schreibt Paulus an die Gemeinde in Korinth:

> *Wenn ich in Sprachen rede, die von Gott eingegeben sind – in irdischen Sprachen und sogar in der Sprache der Engel –, aber keine Liebe habe, bin ich nichts weiter als ein dröhnender Gong oder eine lärmende Pauke. Wenn ich prophetische Eingebungen habe, wenn mir alle Geheimnisse enthüllt sind und ich alle Erkenntnis besitze, wenn mir der Glaube im höchsten nur denkbaren Maß gegeben ist, sodass ich Berge versetzen kann – wenn ich alle diese Gaben besitze, aber keine Liebe habe, bin ich*

nichts. Wenn ich meinen ganzen Besitz an die Armen verteile, wenn ich sogar bereit bin, mein Leben zu opfern und mich bei lebendigem Leib verbrennen zu lassen, aber keine Liebe habe, nützt es mir nichts. (1. Korinther 13,1-3)

Wahnsinn, oder? Was könnte das wohl für die Jugendarbeit bedeuten? Lass es mich doch mal so versuchen:

„Wenn ich die coolsten Bibelarbeiten mache, die von Gott eingegeben sind, in einer Sprache, die die Jugendlichen direkt ins Herz treffen, aber keine Liebe habe, bin ich nichts weiter als eine verstimmte Gitarre oder eine scheppernde Cajon. Wenn ich ganz genau weiß, was die Jugendlichen brauchen, und ich ihre Herzen bis ins Innerste kenne und wenn ich der Glaubensheld hoch zehn bin und alle damit motiviere – wenn ich all das habe, aber keine Liebe besitze, bin ich überhaupt nichts. Wenn ich meine ganze Kohle weggebe, wenn ich mich selbst aufopfere und alles investiere, wenn ich sogar mein Leben geben würde für die Jugendlichen, aber keine Liebe habe: Dann ist alles total sinnlos."

Das klingt krass – und auf den ersten Blick auch nicht besonders motivierend.

Ich bin öfter unterwegs und begegne vielen Jugendmitarbeitern. Meistens komme ich, um sie zu beraten, zu coachen, zu ermutigen. Das macht mir auch Spaß. Stell dir vor, du hättest mich als Coach eingeladen und ich würde die Beratung mit diesem Anspruch anfangen: Was würde das mit dir machen? (Und was macht ihr dann mit mir? ☺)

Darum bin ich echt froh, dass Paulus das gesagt hat und nicht ich. So kann ich mich ein bisschen dahinter verstecken. Und dich fragen, wie es dir damit geht. Denn mich selbst fordert das total heraus. Liebe ich meine Jugendlichen wirklich? Meine Mitarbeiter im Team? So wie von Paulus hier beschrieben? Kann ich das überhaupt? Und woran merke ich überhaupt, dass ich Liebe habe? Dass ich das, was ich mache, aus der richtigen Motivation heraus tue?

Ganz ehrlich: Ich kann das nicht. Ich konnte das noch nie. Es gibt ja sowieso nur einen, der das kann: Jesus selbst. Und weil ich das weiß, bitte ich Gott immer wieder darum, dass er mir *seine* Liebe schenkt, zu den Mitarbeitern, den Jugendlichen, den Teens. Zu den Menschen, die er schon längst liebt.

Während meines Studiums an der BTA[2] in Wiedenest war ich Mitarbeiter in der Jugendgruppe FriZZ der EFG Wiedenest.[3] Ich hatte kein Auto, also bin ich da immer hingelaufen. Das dauerte bei strammem Schritt eine Viertelstunde. Und da ich außer Laufen nix zu tun hatte, war das die perfekte Möglichkeit, mich innerlich auf die Jugendlichen vorzubereiten. Da habe ich fast immer gebetet. Um Liebe für die Jugendlichen, gerade für die, die ich nicht so inspirierend und angenehm fand. Dass Gott sie segnet und beschenkt. Dass er ihnen begegnet. Durch mich oder gerne auch durch andere.

Diese Gebete haben mein Herz verändert. An diesen Abenden hatte ich einen anderen Blick, eine andere Haltung und andere Worte. Weil mein Herz verändert war. Oft war es kalt oder ganz woanders, als ich loslief. Aber bis ich dann die Tür zum Jugendraum aufmachte, hatte Gott mein Herz verändert.

Gott erhört dieses Gebet, weil er ja genau das möchte. Aber er erhört es nicht in der Weise, dass er *mir* die Kraft gibt, die ich brauche. Er hat noch eine viel bessere Idee: das Geschenk des Heiligen Geistes!

Gott wohnt in dir. Auf zum nächsten Kapitel …

3

Lebe aus der Kraft des Heiligen Geistes

Wir brauchen Gott für alles. Auch für alles in der Jugendarbeit. Darum betet ihr ja auch in eurem Mitarbeiterkreis. Aber vermutlich brauchen wir Gott und die Kraft seines Heiligen Geistes bei nichts so dringend und stark wie bei der Liebe. Beim Lieben von Menschen, die wir nicht mögen. Beim Lieben von Jugendlichen, die dich verletzt haben, immer noch verletzen und denen das nicht mal unangenehm zu sein scheint. Es gibt Menschen, es gibt Jugendliche in meiner Jugendgruppe, die kann ich nicht lieben. Selbst wenn ich es wollte.

Fällt dir da inzwischen auch jemand ein? Gut. Dann behalte diese Person mal weiter im Kopf. Ja, es gibt viele Gründe, warum diese Person es nicht verdient hat, von dir geliebt zu werden. Vielleicht willst du ihr noch eine Chance geben – wenn sie sich entschuldigt. Vielleicht ist es aber auch schon zu spät.

Da du dummerweise nicht aufgehört hast zu lesen, spürst du jetzt, dass du diese Person lieben solltest. Ja, sogar lieben *musst*, damit deine Liebe zu Jesus echt ist. Darum brauchst du den Heiligen Geist so dringend!

Dabei liegt mir nichts ferner, als dir und mir ein schlechtes Gewissen zu machen. Sich schuldig zu fühlen bewegt nichts. Ein schlechtes Gewissen motiviert und verändert nichts. Und ich bin der Letzte, der das Recht hätte, hier seinen mahnenden Zeigefinger zu erheben. Darum geh doch mit mir kurz auf eine schöne, gedankliche Reise. Du darfst dir dabei gerne Zeit lassen:

Glaubst du, dass Gott diese Person liebt?
Okay ... nicht so schnell. Wie sehr, glaubst du, liebt Gott diese Person?
Glaubst du, dass Jesus für die nervigen Sünden dieser Person gestorben ist?
Denkst du, Jesus hat Hoffnung für diese Person?
Wann, meinst du, wird Jesus diese Person aufgeben?

Gott liebt. Gott stirbt für seine Feinde. Gott hat Hoffnung für jeden Menschen – und er gibt niemals auf. Wenn du das zumindest theoretisch und im Kopf bejahen kannst, dann hast du alle Voraussetzungen erfüllt, um diese Person auch lieben zu können. So ganz in echt!

Denn dieser Gott wohnt in dir. Dieser Gott ist Herr in deinem Herzen. Wenn das wirklich stimmt – und nicht nur ein hübsches Bild ist, das die Bibel verwendet –, dann muss das doch die Kraft haben, in deinem Leben etwas zu verändern! Gott hat Kraft, um zu lieben. Keiner liebt mehr.

Bei mir ist das so. In meiner Jugendgruppe, sogar in meiner Kleingruppe, waren Jungs, die hatten die ausgefeilte Fähigkeit, mich so gezielt und (in meinen Augen) bösartig zu provozieren, dass ich an alles gedacht habe außer an Liebe, die sich in herzlicher Zuwendung äußert. Aber Gott kann. Ich musste und konnte lernen, die Liebe Gottes anzuzapfen.

Der effektivste Weg dafür ist das Gebet. Klingt simpel, aber hast du schon mal dafür gebetet, dass Gott die Menschen (nicht allgemein, sondern konkret mit Namen) segnet, die dir Böses tun? Dass er dir die Kraft geben soll, sie zu lieben, ihnen zu dienen und Gutes zu tun? Dass er dir kreative Ideen schenkt, wie du ihnen deine Liebe zeigen kannst? Ich übe das – und es hat mich verändert.

Meine persönliche „Sommerschule"

Um mich dabei weiterzubringen, ist Gott mitunter ziemlich penetrant und kreativ. Vor einigen Jahren arbeitete ich bei einem großen christlichen Werk auf den Sommerfreizeiten mit. Jeden Sommer lernte ich dort ungefähr 700 Jugendliche kennen, an die 40 davon so richtig intensiv. Ich bin ein Beziehungsmensch und mag Menschen. Und ich lebe in dem Glauben, dass die meisten Menschen mit mir auch klarkommen. Unter diesen 700 Menschen gab es nun genau drei, mit denen ich ein echtes Problem hatte.

Die haben mich dermaßen auf die Palme gebracht, dass ich ihnen auch gezeigt habe, wie ich sie finde. Einer muss ihnen ja sagen, dass sie doof sind. Natürlich war ich im Recht, was sonst!

Jeder Sommer geht irgendwann vorbei und diese drei Typen waren aus meinem Leben wieder verschwunden. Aber Gott will, dass ich Menschen liebe und ihnen so begegne, wie er es täte. Und weil er mich in seine Schule nimmt, hat er nicht lockergelassen. Ich weiß nicht, wie viele dieser 700 Jugendlichen mir wieder begegnet sind, aber es dürften nicht mehr als 20 gewesen sein. Und jetzt kommt Gottes kreatives Handeln: Diese drei waren dabei! Gott hat sie mir so direkt über den Weg geschickt, dass ich mich mit allen dreien auseinandersetzen musste. Ich musste demütig werden, Gott und die Jungs um Vergebung bitten – und anfangen, sie zu lieben!

Heute kann ich darüber lachen und bin Gott dankbar für seine Kreativität und sein Durchhaltevermögen. Aber zwischendurch habe ich mich gefragt, ob mich da jemand ärgern will. Mit einem der drei bin ich heute sogar richtig gut befreundet und auch zu den anderen habe ich eine gute Beziehung. So ist Gott! Ich kann das nicht. Ich will das ja noch nicht mal. Aber Gott will es. Und er kann es auch.

Deine Kraft reicht nicht

Du kannst Jugendarbeit nicht aus eigener Kraft machen. Du kannst die Nervensägen nicht aus eigener Kraft lieben. Das heißt, du kriegst es vielleicht doch irgendwie hin, aber nicht lange. Und nicht wenn du den Wunsch hast, dass sich Herzen Gott zuwenden. Wenn es dir wichtig ist, dass Jugendliche Jesus lieben. Denn das kann nur Gott.

Genau darum fängt Jugendarbeit nicht mit Konzepten an, sondern mit deinem Herzen. Mit deiner Beziehung zum lebendigen Jesus Christus. Wenn du nicht aus der Beziehung zu ihm heraus deine Jugendarbeit gestaltest, wird wenig Herzensveränderung bei deinen Jugendlichen passieren. Und wenn keine Herzensveränderung passiert, brauchst du keine Jugendarbeit zu machen.

Das Problem ist, dass die meisten von uns trotzdem Jugendarbeit machen. Und so sieht die Jugendarbeit dann auch aus. Vielleicht machen viele von uns sogar genau deshalb Jugendarbeit: Weil wir merken, dass mit unserer Beziehung zu Gott irgendwas nicht so rund läuft, wie wir es gerne hätten. Und weil wir glauben, dass wir durch den „Dienst" für Gott ihm näherkommen. Wir glauben, Gott dadurch zu gefallen, weil er Mitarbeit bestimmt toll findet. Aber:

 *Gott ist nicht von deiner Mitarbeit beeindruckt. Er will dein Herz; dann kann er auch mit dem Rest von dir was anfangen. Ohne Herz geht es nicht.*

Wenn es nicht die Kraft des Heiligen Geistes ist, die etwas bewegt, dann bewegt sich gar nichts. Vielleicht kommen trotzdem viele Jugendliche. Vielleicht geht sogar richtig was ab. Das gibt es bei der Freiwilligen Feuerwehr auch. Aber wenn der lebendige Gott prägend sein soll, muss er es zuerst in dir sein. Dein Herzblut ist entscheidend.

Dazu brauchst du Zeit mit ihm. Dazu brauchst du Stille. Dazu musst du im Wort Gottes wohnen.

Vielleicht klingt dir das jetzt wieder zu leicht. Oder nach genau der Methode, die du doch längst hinter dir gelassen hast. Vielleicht sogar aus gutem Grund. Aber ohne die Stille vor Gott wird es nicht gehen. Ohne Zeiten mit diesem wunderbaren Herrn wirst du nicht genug Kraft von ihm haben, die du weitergeben kannst. Ohne den wunderbaren Zuspruch des Wortes Gottes an dein eigenes Herz, ganz persönlich, bleibt alles oberflächlich. Darum ist genau hier die Herausforderung, unsere hohen Ideale im Alltag zu erden. Wie pflegen wir unsere Beziehung zu Gott?

In Gottes Augen bist du nicht zuerst Mitarbeiter und dann sein Kind, du bist zuallererst sein Kind! Du gehörst zu ihm, er ist dein Vater, der dich liebt. Ganz ohne Leistung, ohne Mitarbeit. Doch damit noch nicht genug. Gott sagt sogar, dass du sein Erbe bist, dem alles zusteht, was der Vater hat.

Diese tiefen Wahrheiten bewegen uns. Sie verändern unser Herz, machen uns frei und dankbar. Und dann, dann dürfen wir auch noch mitarbeiten. Weil es so schön ist, diesem Vater-Gott zu dienen.

Zeit mit dem Vater

Ein Kind kennt seinen Vater. Es liebt seinen Papi. Ein Kind vertraut seinem Vater. Es kuschelt, spielt, weint, lacht und kämpft mit seinem Vater. Gott ist nicht irgendein Vater, er ist das perfekte Vater-Bild! Güte, Barmherzigkeit, Liebe und Freundlichkeit spiegeln sich in ihm. Diesem Vater dürfen wir begegnen. Auf seinen Schoß krabbeln und ihn fragen, ob er uns eine Geschichte vorliest. Wir dürfen Zeit mit dem Allmächtigen verbringen. Er kennt dich. Er liebt dich. Er sucht dich.

Dabei gibt es hilfreiche Methoden für die Zeit mit Gott und weniger hilfreiche. Und welche für dich passt, musst du entdecken. Aber ohne diese Zeiten wird es nicht gehen. Oder nur ganz kurz.

Ich habe das klassische „Stille-Zeit-Modell" auch aufgegeben. Zu mir passt es nicht, aber das macht es nicht grundsätzlich schlecht. Ich liebe Musik. Mir hilft Anbetungsmusik dabei, Gott nahezukommen. Ich lese gerne und mir hilft es, Bibeltexte zu erarbeiten. Ich liebe die Natur; dort rede ich viel mit Gott und höre ihn. Ganz konkret versuche ich darüber hinaus einen ganzen Tag pro Monat in der Stille mit Gott zu verbringen. Und ein Wochenende pro Jahr ganz alleine mit Gott zu sein. Ich fahre dann irgendwo hin und nehme die Bibel, mein Gebetstagebuch und vielleicht noch 2 bis 3 andere gute geistliche Bücher mit. Wenn ich mir diese Zeiten nicht nehme, merke ich das. (Mehr dazu in Kapitel 5 …)

Der Heilige Geist wohnt in dir. Aber er verändert nicht alles von heute auf morgen. Vielleicht hast du das auch schon gemerkt: Du bist Christ, aber trotzdem gibt es Seiten an dir, die gefallen dir nicht. Aus dir kommen Sachen raus, über die wollen wir hier nicht reden. Du denkst Sachen, die soll nun wirklich keiner wissen …

Ja, der Heilige Geist ist da – aber du bist noch unterwegs. Und ich bin es auch. Darum muss er unser Herz immer mehr einnehmen. Raum gewinnen. Und das geht nur über Zeit. Gezielt Zeit mit ihm verbringen. Gott Raum geben. *Wie* du das machst, darfst du für dich herausfinden, aber nicht *ob;* das ist Voraussetzung!

Egal wie du es machen willst: Du musst Gott suchen. Dann wird seine Kraft in dir stärker. Und deine Jugendlichen werden es auch. Dein Herz verändert sich und damit auch deine Augen. Sie leuchten. Und sie blicken anders auf deine Jugendlichen: Sie werden dir auf eine neue Art und Weise wichtig. Du willst ihnen dienen. Du willst es wirklich.

4

Diene deinen Jugendlichen

Da saß ich also. In einem netten Wohnzimmer irgendwo in Berlin. Ich hatte mich quasi selbst eingeladen, um die Jugendmitarbeiter der Gemeinde kennenzulernen und zu sehen, ob und wie ich sie unterstützen kann. Eigentlich eine kleine Gemeinde, mit trotzdem 20 bis 30 Jugendlichen. Die Arbeit lief super und es kamen immer wieder Jugendliche aus dem Kiez einfach mit dazu. Es gab nur ein Problem: Der Jugendleiter hatte keine Mitarbeiter – und die hätte er dringend gebraucht.

Da waren einige potenzielle Kandidaten. Ältere Jugendliche mit tollen Fähigkeiten. Aber die wollten nicht. Was hielt sie davon ab, mitzuarbeiten? „Wenn die zu Jugendmitarbeitern werden, dann verlieren sie den Draht zu den Jugendlichen", erklärte mir der Jugendleiter. Ich hatte Mühe zu verstehen, was damit gemeint sein könnte.

„Wer hier mitarbeitet, der wird nicht mehr als einer von den Jugendlichen angesehen. Der hat jetzt eine andere Stufe erreicht. Also wird man nicht mehr zu den Feiern eingeladen; wenn die Jugendlichen abends noch weggehen, wird man nicht mehr mitgenommen, die Jugendlichen reden nicht mehr ehrlich mit einem …" Also kurz gesagt: Werde Mitarbeiter – und du wirst zum Außenseiter.

Ich war baff. So etwas hatte ich vorher noch nie gehört. Das klang so, als gäbe es zwei sich gegenüberstehende Lager, die Jugendlichen und die Mitarbeiter, die in verschiedenen Welten lebten. Wer hier zum Mitarbeiter mutierte, hatte offensichtlich ein Problem mit seinem neuen Status.

Es gibt seltsame Vorstellungen von dem, was es heißen kann, ein Jugendmitarbeiter zu sein. Und interessante Motive, die einen antreiben, Mitarbeiter zu werden. Wie ist das, wenn man Mitarbeiter ist? Welchen Status hat man bei euch? Held? Oder Außenseiter?

Manche Mitarbeiter fühlen sich tatsächlich überlegen, besser, wichtiger. *Ich bin cool – ich bin jetzt Mitarbeiter! Jetzt darf ich endlich sagen, wos langgeht.* Und das lassen manche dann auch gerne raushängen. Andere distanzieren sich von den Teilnehmern, weil sie jetzt ja Mitarbeiter sind.

Wir alle wollen den Jugendlichen dienen. Woran merkst du, dass du das auch wirklich tust?

Dienst du wirklich deinen Jugendlichen?

Prüfe dich selbst:

- [ ] Es wird dir immer wichtiger, wie es ihnen geht. Ob du auf deine Kosten kommst, ist für dich gar nicht entscheidend.
- [ ] Du leidest mit, wenn sie leiden – und freust dich mit, wenn sie sich freuen.
- [ ] Du kennst ihre Fragen und suchst nach Wegen, sie zu beantworten.
- [ ] Deine Jugendlichen respektieren dich und mögen dich. Wenn sie Ängste, Fragen oder Sorgen haben, kommen sie zu dir.
- [ ] Das Programm (einschließlich der Vorbereitung) ist für dich nur Mittel zum Zweck. Du willst, dass deine Jugendlichen geistlich wachsen; das Programm soll dabei helfen.

Und das kannst du dafür tun:

- [ ] Bete für deine Jugendlichen! Sage Gott, dass du sie gern hast und dass du dir nichts mehr wünschst, als dass sie sich persönlich und geistlich gut entwickeln. Dann wird Gott dir diese Haltung auch schenken.
- [ ] Überprüfe, inwieweit euer Programm die Bedürfnisse der Teens und Jugendlichen wirklich trifft! Brauchen sie das? Dient es ihnen? Hilft es wirklich?
- [ ] Lerne, diese Frage klar zu beantworten: *Was muss bei meinen Jugendlichen als Nächstes passieren? Welche nächsten Schritte sollen sie gehen?* Dazu musst du sie kennen; wissen, was sie bewegt.
- [ ] Diene deinen Jugendlichen mit den Gaben, die Gott dir gegeben hat! Wenn du das einbringst, was du kannst, dienst du der ganzen Gemeinschaft.

Programm oder Beziehungen?

Es kann hilfreich sein, wenn wir uns in diesem Zusammenhang den Unterschied zwischen zwei verschiedenen Möglichkeiten klarmachen, wie man Jugendarbeit machen kann. Beides kenne ich aus der Praxis.

Die eine Möglichkeit ist die *programm*orientierte Jugendarbeit, die andere ist *beziehungs*orientiert. Wenn man Jugendarbeiten von Weitem betrachtet, sieht vielleicht beides gleich aus. Trotzdem sind sie fundamental verschieden. Meine Befürchtung ist, dass es mehr Jugendmitarbeiter gibt, die eher der Jugend*arbeit* dienen statt den Jugendlichen selbst. Dabei machen wir das meist gar nicht bewusst – es passiert einfach, weil es so normal scheint.

Und so merkst du, ob eure Jugendarbeit eher programm- oder beziehungsorientiert ist:

Merkmale einer programmorientierten Jugendarbeit

- ☑ Sie ist vor allem an Aktionen orientiert: Was müssen wir als Nächstes tun? Wer macht das Programm?
- ☑ Im Mitarbeiterkreis wird hauptsächlich Programm geplant: Wer macht was, bis wann?
- ☑ Eine Jugendstunde wird dann als „gut" empfunden, wenn das Programm geklappt hat.
- ☑ Die Gruppe wächst meist nur minimal, durch die eigenen Gemeindejugendlichen.

Wenn wir programmorientierte Jugendarbeit machen, werden wir zu Babysittern, zu Alleinunterhaltern. So eine Jugendarbeit ist anstrengend, weil jeder Jugendliche was anderes will. Alle melden ihre Ansprüche an: Die einen wollen mehr singen, die anderen rufen nach mehr Lehre. Die Gemeinschaft war auch schon mal tiefer. Und könnten wir nicht mal wieder gemeinsam wegfahren? Der Jugendraum ist doof und muss neu renoviert werden. Und früher war alles besser.

Konzentriere dich auf das Programm – und alle anderen werden es auch tun. Dann wirst du zum Programmmanager und Babysitter. Wir sind aber nicht zu Babysittern berufen! (Oder nur ganz wenige von uns ☺.)

Merkmale einer beziehungsorientierten Jugendarbeit

☑ Sie ist vor allem an Personen orientiert: Was brauchen meine Jugendlichen? Wie geht es ihnen?

☑ Man spricht viel über den geistlichen Zustand der Jugendlichen. (Das bedeutet auch, man kennt ihn überhaupt!)

☑ Die Mitarbeiter und Jugendlichen nehmen Anteil am anderen: Wie geht es dem Einzelnen, was bewegt ihn oder sie?

☑ Man empfindet eine Jugendstunde dann als „gut", wenn man gute Gespräche geführt hat – Herzen erreicht hat.

☑ Die Gruppe wächst dann meist auch beständig, weil die Atmosphäre so angenehm ist und Gott wirkt.

☑ Fremde fühlen sich wohl und aufgenommen.

Wie würdest du deine Jugendgruppe einschätzen? Seid ihr eher programmorientiert oder eher beziehungsorientiert? Sprecht ihr bei euren Mitarbeitersitzungen mehr über das Programm oder mehr über die Jugendlichen? Wie gut kennt ihr eure Jugendlichen und ihre Situation?

Denke von den Jugendlichen her! Jeder Jugendliche achtet sehr darauf, wie er wirkt. Ihm ist wichtig, ob und wie er ankommt. Ihm ist es wichtig, dass er Bedeutung erfährt. Und du kannst ihm echte Bedeutung vermitteln, weil Jesus dir Anerkennung und Liebe und Bedeutung gibt. Die Gemeinde – und damit auch die Jugend in der Gemeinde – kann der Ort sein, an dem Jugendliche echt sein dürfen und Bestätigung bekommen. Sie *soll* der Ort sein, wo Jugendliche das dürfen. Es gibt keinen anderen Ort! Das ist das Besondere, das Einzigartige, das Großartige, das wir zu bieten haben.

Darum landen wir eigentlich immer wieder bei derselben Frage: Liebst du deine Jugendlichen? Hast du eine Sicht für sie oder sind sie dir eigentlich nicht so wichtig?

Ich könnte mir vorstellen, dass du das im Prinzip auch gut findest: den Einzelnen sehen, sich um ihn kümmern, sich in die Jugendlichen investieren. Aber so einfach ist das ja gar nicht. Das Hauptproblem ist die Zeit. Beziehungsarbeit kostet Zeit. Und Kraft. Das stimmt. Aber ich finde, es lohnt sich!

An die Bibelarbeiten aus meinem ersten Jugendkreis erinnere ich mich wie gesagt gar nicht mehr. Aber die vielen Gespräche mit meinem Jugendleiter, mit anderen, älteren Jugendlichen … die haben mich vorangebracht. Ich glaube, ich kann ehrlich sagen: Ohne diese Gespräche, ohne das Vertrauen, das gewisse Leute in mich gesteckt haben, die Korrektur, die Liebe, die mir entgegengebracht wurde, wäre ich heute nicht hier, vielleicht gar kein Christ mehr.

Deshalb: Beziehungen sind wichtig. Beziehungsorientierte Jugendarbeit ist wichtig. Wie kann das gehen?

Wie können wir „beziehungsorientierter" werden?

Wir müssen nicht die perfekten geistlichen Überflieger sein, um beziehungsorientierte Jugendarbeit zu machen. Sonst wäre ich der Erste, der das Ganze bleiben lassen müsste. Entscheidend ist die innere Haltung; die Sicht, die Liebe für die Jugendlichen und Teenies. Um die müssen wir beten und uns bemühen. Jeder Jugendliche merkt, ob er geliebt, anerkannt und gemocht wird. Wenn das Programm schlecht, aber die Liebe groß ist, werden die Jugendlichen kommen. Wenn das Programm super, aber die Liebe klein ist, kannst du dein super Programm alleine machen.

Es kann sein, dass das ein bisschen anstrengender ist, als „nur" ein gutes Programm zu machen. Man muss sich bemühen. Vor allem persönlich fordert es einen stärker heraus. Aber es ist auch leichter, denn es muss nicht immer alles zu 100 % funktionieren. In der Organisation reichen oft schon 80 % – weil dann die Atmosphäre angenehmer ist. Fehler werden gerne verziehen, weil man sich mag und respektiert.

In dem Kirchenbezirk, in dem ich aufgewachsen bin, war das Evangelische Jugendwerk für die überregionale Jugendarbeit zuständig. Da gab es eine Jugendreferentin ... also, ich habe mich als Jugendlicher manchmal ehrlich gefragt, wie die eigentlich zu ihrem Job gekommen ist. Sie war nicht cool und auch keine Frontfrau; weder sportlich noch konnte sie predigen. Ehrlich gesagt fand ich sie einfach nur langweilig.

Aber die Mädels aus meinem Jugendkreis, die mit ihr auf einer Freizeit gewesen waren oder sie bei einem Projekt kennengelernt hatten, haben sie alle geliebt. Sie hat keine supertollen Jugendstunden gemacht. Sie hatte keine fetzige Alleinunterhalter-Ausstrahlung. Aber sie hatte ehrliche Liebe für „ihre Mädels" und hat sich in sie investiert. Zeit mit ihnen verbracht. Ihnen zugehört. Sie ernst genommen. Sie gesehen und gekannt. Sie angerufen. Und immer nach Wegen gesucht, jede Einzelne weiterzubringen. Das hat Mädchen für Mädchen beeindruckt, gestärkt und verändert. Und dazu ist Jugendarbeit doch da, oder?

Hier ist eine Idee: Nimm dir doch grad mal einen Zettel und einen Stift und schreibe alle Namen deiner Jugendlichen auf. Von oben nach unten, in der Reihenfolge, wie sie dir einfallen. Jetzt machst du rechts von den Namen zwei Spalten. Die erste nennst du „Gemeinschaft", die zweite „Freundschaft". In der Spalte „Gemeinschaft" darfst du jetzt zu jedem Jugendlichen eine Zahl zwischen 1 und 10 reinschreiben. (1 bedeutet: ist nicht integriert, hat wenig soziale Kontakte, 10 heißt: super integriert; gehört voll zur Gruppe dazu.) In die Spalte „Freundschaft" schreibst du einen oder zwei Namen von Jugendlichen oder Mitarbeitern, die mit dieser Person gut befreundet ist.

Jetzt wäre es natürlich super, wenn ihr das im gesamten Mitarbeiterkreis machen würdet. Und euch dabei folgende Fragen stellt:

- Habt ihr jemanden vergessen?
- Seht ihr die Dinge unterschiedlich?
- Warum ist das wichtig? Weil Jugendliche, die nicht in die Gemeinschaft integriert sind, irgendwann herausfallen. Sie kommen nicht mehr oder sagen sogar dem christlichen Glauben ab. In jedem Fall findet keine echte geistliche Entwicklung statt.

Darum fragt euch als Mitarbeiter:

- Wer hat keine Freunde?
- Wer hat keine *guten* Freunde?
- Wem kannst du Freund sein?
- Wem kann ein anderer Mitarbeiter ein Freund sein?
- Was wollt ihr für den Einzelnen: Kannst du für jeden, den du vor Augen hast, eine Vision aufschreiben?
- Welches Ziel hast du für deine Jugendlichen?

Es geht ja nicht bloß darum, dass die Jugendlichen eben kommen. Die Frage ist, wie wir sie in der Jugend prägen, wie wir sichergehen, dass sie persönlich weiterkommen. Geistlich wachsen. Jesus mehr lieben. Jugendliche *werden* nicht die Gemeinde der Zukunft, sie sind es schon. Sie sind Gemeinde; die Gemeindeleiter, Ältesten, Jugendmitarbeiter und Jugendleiter von morgen.

- Wie siehst du deine Jugendlichen? Störenfried oder Gemeindeleiter? Etwas anstrengend und nervig oder förderungswürdig, sogar liebenswürdig?

Wie integriert sind meine Jugendlichen?

5

Werde wie Jesus

Jesus kam auf die Erde, um uns zu zeigen, wie Gott ist. Er sagt, dass wir den Vater im Himmel sehen, wenn wir ihn (Jesus) ansehen. Und er hat uns gezeigt, wie der Mensch von Gott ursprünglich gedacht war. Wir dürfen und sollen ihn nachahmen – weil wir dann selbst wieder zu den Menschen werden, die wir in Gottes Augen sein könnten.

Das können wir natürlich eigentlich gar nicht. Nicht aus uns selbst. Aber Gott lebt in uns. Sein Geist kann uns verwandeln und er will es auch. Er tut alles. Aber er tut es nicht ohne uns. Er allein kann uns verändern. Aber wir machen mit. Unsere Disziplin ist ein Teil des Prozesses, unsere Entscheidungen gehören dazu. Auch wenn ich im Rückblick immer sagen werde: Gott hat es getan! Deshalb will ich mit dir in diesem Kapitel über die Frage sprechen:

Was kann ich dazu tun, dass Gott alles tun kann?

1. Ich lese die Bibel. Jeden Tag

Okay, nicht *jeden* ☺. Aber fast. Und mein Ziel ist es, das jeden Tag zu schaffen. Und wenn das für dich total easy und wie selbstverständlich geht, dann gehörst du zu den glücklichen 1 % auf dieser Erde, die Gott wohl besonders geküsst hat. Ich jedenfalls kämpfe damit schon mein ganzes Leben und ich weiß, dass viele andere es auch tun. Aber ich merke auch, dass gute Gewohnheiten vieles leichter machen. Ich habe mal gehört, dass man eine neue Angewohnheit vier Wochen lang diszipliniert durchziehen muss, dann wird sie deutlich leichter und geht irgendwann wie von selbst. Bei mir funktioniert das auch.

Wenn deine Mama alles richtig gemacht hat, dann putzt du dir jeden Morgen und Abend deine Zähne. Wenn du eine super Mami hattest, dann machst du das sogar mittags selbstverständlich. Und obwohl Zähneputzen jetzt nicht der super Spaß ist, würde es dir fehlen, wenn du es lässt. Weil es eine gute Gewohnheit ist, denkst du gar nicht mehr drüber nach, ob du dir heute Abend wohl die Zähne putzen sollst – du tust es einfach.

So kann das mit der Stille und der Zeit mit Gott auch werden. Du denkst irgendwann gar nicht mehr drüber nach. Es fehlt dir, wenn du es lässt. Du machst es einfach. Und: Du brauchst es. Ohne Zähneputzen bekommst du faule Zähne und garantiert irgendwann Schmerzen. Das merkst du nicht sofort. Du kannst sogar einige Wochen ohne auskommen, ohne dass was wehtut. Klar, du merkst, dass das irgendwie einen schlechten Geschmack hinterlässt. Bei dir. Und andere merken es auch irgendwann. Deine Worte sind nicht mehr klar und rein. Sie kriegen so einen „Beigeschmack", übel riechend und bitter.

Ohne Stille mit Gott wird es dir genauso gehen. Du merkst es nicht sofort. Einige Wochen kommst du vielleicht ohne aus, ohne dass es jemand mitkriegt. Aber da stellt sich so ein schlechter Geschmack ein. Dein Denken ist nicht mehr so klar. Nicht mehr von Gott gefiltert und gereinigt. Deine Worte sind es auch nicht mehr und du merkst, da ist was ungesund. Und andere merken es auch. Deine Worte werden schal, übel riechend oder bitter. Und irgendwann tut es weh. Dir und anderen.

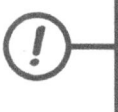

Gott muss zu mir reden. Ich muss meine geistlichen Zähne putzen, damit ich das leben kann, was ich will, und so werden kann, wie Gott es will. Das Leben ist ein geistlicher Kampf und dafür brauche ich scharfe Zähne!

Gott will zu dir reden. Dir Hallo sagen und dir helfen, dein Leben immer besser auf die Reihe zu kriegen. Dabei geht es ihm nicht darum, dir irgendwelche Regeln zu geben, von denen er halt will, dass du sie einhältst. Er liebt dich und freut sich an der Beziehung zu dir. Und weil er weiß, was dir guttut, gibt er dir Hilfen an die Hand, das Leben zu meistern. Und er weiß, dass er dich dazu verändern muss. Schritt für Schritt.

Gott will dir immer wieder sagen, wie sehr er dich liebt. Und da es in deinem Leben keine Situation, keine Frage, keine Herausforderung gibt, für die die Bibel keine guten Gedanken parat hat, wirst du diese Zeit brauchen. Sie wird dir helfen. Und was dir hilft, hilft immer auch deinen Jugendlichen.

Ich mache das meistens so, dass ich beim Bibellesen immer auf die Suche nach dem größten Vorbild gehe, das wir haben: Ich suche Jesus. Auf jeder Seite der Bibel. Ihn brauche ich. Ihn will ich kennenlernen. „Jesus, wo bist du? Was kann ich hier von dir lernen? Wie bist du? Was ist dabei für mich wichtig?"

Mach dir einen Plan, was du bis wann lesen willst. Das wird dir helfen, die Gewohnheit zu entwickeln – damit es für dich selbstverständlich wird. Und suche dir die Zeit am Tag aus, die dir am leichtesten fällt. Morgens? Abends? Mittagspause? Nimm die Zeit, die du am besten einhalten kannst und wo du am aufnahmefähigsten bist. Morgens vor dem Frühstück ist super, aber nach jahrelangem Kampf habe ich eingesehen: super für andere, nix für mich. Nicht wenn ich Gott wirklich hören will, denn dazu muss ich wacher sein.

Dabei ist die Bibel weder als Materialpool für Bibelarbeiten konzipiert noch als Studienobjekt für schlaue theologische Gedanken. Hier offenbart sich Gott! Er möchte, dass du ihn kennenlernst und in eine Beziehung mit ihm trittst. Er will zuerst *dich* ansprechen und prägen. Dann kommt lange nichts. Und dann freut er sich, wenn du das, was du im Herzen verstanden hast, auch weitergibst.

2. Ich bete. Immer

Okay, nicht *immer* ☺. Aber wirklich immer öfter. Natürlich bete ich vor allem auch in dieser „Stillen Zeit", in der ich mit Gott alleine bin. Gebet ist Gespräch mit Gott. Es stärkt deine Beziehung mit Gott. Du merkst beim Beten, wie Gott wirklich dein Vater ist; dass er dir zuhört und dich liebt. Wenn du nicht regelmäßig mit Gott im Gespräch bist, wirst du nicht geistlich wachsen. Wenn du regelmäßig mit ihm sprichst, wirst du ihn besser kennenlernen. Das wird dich verändern.

Dazu kommt, dass es für mich immer natürlicher wird, zwischendurch immer wieder spontan mit Gott über das zu reden, was mich bewegt oder mir begegnet. Manchmal ist das nicht mehr als ein Seufzer zu Gott oder ein Jubelschrei vor Freude. Manchmal ist das nur ein „Danke" oder ein „Achtung, pass auf mich auf!". Und manchmal entwickelt sich daraus ein richtiges Gespräch. Im Wald. Im Supermarkt. In der Fußgängerzone. Wenn du auch an öffentlichen Orten laut beten willst, halte dir dabei ruhig ein Handy ans Ohr. Sonst wird man dich vielleicht einweisen wollen. Aber rede mit Gott! Immer. Du brauchst es.

Rede mit ihm auch über deine Jugendlichen. Warum sie dich gerade nerven. Warum du willst, dass er ihnen gerade jetzt besonders begegnet; was er an ihnen tun soll. Sag es Gott. Dein Gebet ist der Schlüssel für die Veränderung deiner Jugendlichen. Ohne Gebet wird sich gar nichts tun! Wenn ich mir das bewusst mache, motiviert mich das unglaublich. Mein Beten wird im Leben meiner Jugendlichen einen Unterschied machen. Was für ein Privileg!

 *Jesus selbst konnte und wollte nicht ohne Gebet durch den Tag gehen – wie kann ich da glauben, dass ich es könnte?*

Wenn ich wirklich an die Macht des Gebets glauben würde, dann würde ich mehr beten. Wenn ich wirklich glauben würde, dass Gott mein Gebet erhört, dann würde ich andere Sachen beten. Ich würde mich fragen, wie ich überhaupt ohne zu beten irgendetwas tun will. Ich glaube im Kopf, aber im Herz muss ich noch glauben lernen. Dann wird das Beten von selbst kommen.

Darum bete ich sogar dafür, dass ich immer mehr beten lerne. Gebet ist der Schlüssel. Und wenn ihr als Jugendmitarbeiter mehr organisiert als betet, dann wäre es mal ein lohnendes Experiment, diese Zeitverteilung umzudrehen. Glaubst du, dass das einen Unterschied machen würde? Glaubst du das ... so wirklich?

Und noch eine Idee: Wir beten als Mitarbeiter immer wieder die Teilnehmerliste von unseren Freizeiten durch. Jeden einzelnen Namen. Wir fragen dabei Gott: Was braucht er? Was braucht sie? Wie willst du ihn segnen? Was können wir dazu tun? Dabei erleben wir oft, dass Gott uns gute Gedanken und einen anderen Blick für die Teilnehmer gibt.

Das hat sich auch in der Jugendarbeit vor Ort bewährt: Betet fragend zu Gott, was jeder Einzelne wohl braucht. Gott will deine Jugendlichen gerne segnen.

3. Ich füttere mich mit guten Gedanken

Viele unterschätzen die Macht des Alltags. Wir unterschätzen, wie das, was wir tun, uns bestimmt und prägt. Wir fühlen uns überlegen. Autonom. Alles im Griff. Aber das ist eine Illusion. Was immer ich tue, prägt mich auch. Alles, womit du dich umgibst und was dir so neutral vorkommt, prägt dich auch. Alles!

Das ganze Leben ist eine Schule und bringt dir was bei. Welche Musik du hörst. Meine Frau merkt an der Musik, die ich gerade höre, wie es mir geht. Und das nicht nur, weil ich die passende Musik zu meiner Stimmung auswähle, sondern auch weil sie diese Stimmung verstärkt. Ist dir aufgefallen, dass man mit lauter, schneller, aggressiver Musik auch schneller und aggressiver Auto fährt? Musik ist nicht neutral – sie prägt mich.

Welche Filme du siehst. Jeder Film, den ich sehe, prägt mich. Und ich weiß, dass der Gedanke auf eine gewisse Weise unbequem ist, darum neigen wir dazu, das abzuwiegeln: „Ich stehe da drüber. Mich prägt das nicht. Ich reflektiere das, was ich sehe, ganz bewusst." Und natürlich ist das ein ganz wichtiger und guter Aspekt: Das, was mir begegnet, zu reflektieren – denn so kann ich die Prägung auch mit steuern. Und trotzdem: Wenn du dir regelmäßig irgendwelche schrägen Feierabendserien reinziehst, dann wird das dein Denken prägen. Es wird für dich mit definieren, was halt „normal" ist. Du lernst zum Beispiel: „Beziehungen funktionieren in der Regel nicht. Du kannst keinem Menschen wirklich vertrauen. Sex ist doch nur Sex. Gewalt ist normal. Männer sind Schweine. Ehebruch ist der Normalfall. Freundschaften funktionieren nicht wirklich. Es lohnt sich nicht, jemandem wirklich zu vertrauen …" Du kannst die Liste gerne weiterspinnen.

Welche Zeitungen und Bücher du liest, welche Filme du sieht – alles wird dich formen und mit bestimmen. Und das ist unsere Chance!

Weil ich das weiß, versuche ich mir genau zu überlegen, was ich an mein Herz lasse und wer mich prägen darf. Ich kann nicht alles selbst steuern, aber doch eine ganze Menge. Muss ich mir diesen Kinofilm wirklich ansehen? Wird mir das voraussichtlich guttun oder eher schaden? Will ich mit diesen Freunden wirklich auf diese Party gehen? Brauche ich in meiner Wohnung/in meinem Zimmer wirklich einen Fernseher?

Dabei geht es nicht um eine gesetzliche Fragestellung wie: „Darf ich als Christ eigentlich …?" Es geht um deine eigene, aktive, selbstbewusste Entscheidung: Was will ich? Was darf mich prägen? Was tut meinem

Herzen gut? Und dabei geht es nicht nur darum, negative Prägungen zu minimieren, sondern auch welchen positiven, guten Dingen wir uns aussetzen wollen. Paulus ermutigt uns, den bestmöglichen Gebrauch von unserer Zeit zu machen (Epheser 5,16). Und er gibt uns dabei gute Ratschläge, was das sein kann: Anbetungslieder singen. Gute Bücher lesen. Inspirierende Menschen treffen. Gute Freunde haben. Gute Predigten hören und lesen. Gott für alles danken.

Ich habe mehr Einfluss auf meine Zeit und auf das, was mich prägt, als ich im Moment glaube. Nutzen wir das!

4. Ich übe mich darin, jeden Moment bewusst zu erleben

Dein Leben ist nichts anderes als ganz viele aneinandergereihte Momente. Schöne Momente, traurige Momente. Leichte Momente, schwere Momente. Lustige Momente, nicht so lustige. Gute, schlechte, geistliche, sündige, ehrbare, sinnlose, wertvolle, vergessene ... und noch viel mehr.

Was wir meistens übersehen: Jeder Moment unseres Lebens hat das Potenzial, ein wichtiger Schlüsselmoment zu werden! Erwin McManus nennt das einen „Divine Moment". Ein göttlicher Moment, der das Potenzial hat, dein Leben komplett zu verändern. Manche Momente machen das einfach, ohne dass wir dem ausweichen können. Ein Anruf, der dir sagt, dass dein bester Freund gestorben ist. Ein kleiner Brief, der dir sagt, dass dein Traummann dich heiraten möchte. Das Lächeln des Fahrprüfers, das dir bestätigt: bestanden. Es gibt große und kleine Momente. Und viele Momente hätten groß werden können, wenn wir sie gelassen hätten.

Vielleicht ist das einer der schlimmsten Nebeneffekte unserer rasend schnellen Zeit: Dass wir verlernt haben, bewusst durch den Tag zu gehen und das Leben in seinem bunten Reichtum wahrzunehmen. Menschen so zu begegnen, als seien sie etwas ganz Besonderes.

Warum das gut wäre? Weil sie es ja tatsächlich sind. Wir verpassen die Tiefe, die Schönheit, den göttlichen Moment, weil wir nicht ganz da sind. Wir leben im Gestern: „Wenn ich damals dies getan hätte oder wenn der nicht so gewesen wäre und wenn ich nur das geschafft hätte ..." Und im Morgen: „Wenn ich erst einmal dies erreicht habe, wenn ich das endlich hinter mir habe und wenn ich jenes geschafft habe, dann ..." Die Tragik dabei ist, dass wir nur im Heute wirklich leben können.

 *Jeder von uns lebt immer nur im Heute. Die Frage ist nur, ob wir auch da sind. Jetzt gerade.*

Jesus konnte das. Er war immer ganz da, wo er war. Er war immer in dem Moment zu Hause, in dem er gerade stand. Jeder Moment hatte bei ihm das Potenzial, zu einem göttlichen Moment zu werden. Für ihn und für die, die ihm begegneten.

Wir dürfen das wieder lernen. Unsere Kultur muss das wieder lernen.

Wenn du mit einem Jugendlichen sprichst, bist du dann bei ihm? Oder hast du die rechte Hand am Handy und checkst nebenher die neusten Facebook-Meldungen, hörst den beiden neben euch halb zu bei ihrem Gespräch, denkst schon an die Andacht, die du gleich halten wirst, oder freust dich auf das Essen nach der Jugendstunde?

Was denkst du, wenn du an deine Jugendarbeit denkst? Bist du ganz da – oder trauerst du vergangenen Zeiten hinterher? Genießt du den Moment oder frustrieren dich die Ziele, die ihr noch nicht erreicht habt?

Falls du einer der Menschen bist, die ein Leitungspotenzial in sich tragen (und die Chance, dass das so ist, ist bei Jugendmitarbeitern ziemlich hoch), ist die Gefahr bei dir auch gegeben, zu schnell durchs Leben zu laufen und den Momenten und Menschen im Jetzt nicht mehr in die Augen zu schauen.

Gib deinen Momenten die volle Aufmerksamkeit zurück. Du erlebst sie nur einmal. Gott will, dass du diesen Moment erlebst. Gib deinen Jugendlichen die volle Aufmerksamkeit zurück. Gott hat sie dir gegeben. Sie brauchen dich. Hast du jedem deiner Jugendlichen schon einmal in die Augen gesehen und ihr oder ihm gesagt, dass du sie, ihn liebst? Dass du total froh bist, dass gerade sie, gerade er da ist?

5. Ich ringe darum, dass mein Herz weich bleibt

Wenn dein Herz weich ist, steht die Tür zu Gott offen. Mich bewegen die Geschichten von Jesus, in denen er Menschen begegnet. Er hatte so ein offenes, weiches Herz, dass jeder, der ihm begegnete, Gott sehen konnte. Er hatte Barmherzigkeit. Mitgefühl. Er hat gelitten, wenn es anderen schlecht ging. Er hat geweint, wenn die Menschen sich von Gott abwandten.

Das will ich auch. Aber darum muss ich ringen. Ich muss das üben. Es fällt gar nicht so leicht, bei meinem Gegenüber hinter die Fassade aus Coolness, Abgebrühtheit, Aufmüpfigkeit, frommer Maske und Religiosität zu blicken. Es ist schwer zu sehen, wie es dem Herzen meines Jugendlichen geht. Sehen kommt aber vor dem Mitfühlen und Mitleiden.

Der erste Schritt dabei ist, von mir selbst wegzusehen. Ich muss von mir wegsehen, um den anderen sehen zu können. Vermutlich ist das auch der schwerste Schritt. Aber Gott geht diesen Schritt mit uns.

Wann hast du das letzte Mal mit jemandem mitgeweint? Wann hat dich der Schmerz eines anderen so bewegt, als sei es dein eigener? Man kann diesen Gedanken schnell abschütteln, indem man sich sagt, dass man eben kein emotionaler Typ ist. Aber die Bibel lässt diese Differenzierung nicht zu. Wir alle sollen „mit den Lachenden lachen" und „mit den Weinenden weinen". Das ist ein Ausdruck von Gottes Herz.

Wenn unser Herz hart und distanziert wird, wenn wir kein Interesse an den Herzen unserer Jugendlichen haben, dann geht die Tür zu Gott zu. Die meisten Menschen sind verletzte Geschöpfe, die sich danach sehnen, dass jemand sie sieht und versteht und ihnen einen Weg der Heilung zeigt. Dieser Weg geht über Mitgefühl und macht den Weg frei zur Liebe Gottes. Das ist die Kernaufgabe eines Jugendmitarbeiters.

Die große Hürde dabei ist, dass verletzte Menschen auch wieder andere Menschen verletzen. Nur wenn unser Herz von Jesus geheilt und geliebt ist, halten wir das aus – und können die Verletzung des anderen sehen, auch wenn er uns gerade verletzt.

Nach meiner Beobachtung ist es oft die moralische Überheblichkeit, die das Herz hart macht. Ich halte mich für etwas Besseres, für geistlicher, für reifer als mein Gegenüber – und mein Herz wird hart. Darum ist Religion der Todfeind für geistliches Leben. Mitgefühl, Barmherzigkeit und Liebe sind die besten Freunde des geistlichen Lebens. Und sie sind die besten Freunde deiner Jugendlichen.

 *Gott fragt immer nur nach deinem Herzen. Darum geht es ihm. Daran möchte er arbeiten. Darüber möchte er mit uns sprechen. Und das erfordert Übung.*

Es gehört für mich zu den abgefahrensten Sachen des Christseins, dass Gott redet. Der lebendige Gott, der Schöpfer des Himmels und der Erde lässt sich dazu herab, mit mir persönlich zu reden! Er will mit mir direkt kommunizieren. Darüber kann ich nur staunen. Trotzdem gelingt es mir so oft, das Reden Gottes zu überhören, zu verpassen, nicht darauf zu achten. Gott redet gerne in Situationen zu mir, in denen ich das gar nicht erwarten würde. Jesus hatte den direkten Draht zum Vater. Er hat ihn gehört, wenn sonst keiner das mitbekommen hat. Das will ich lernen.

Wenn mein Herz in Ordnung ist, dann höre ich Gottes Flüstern. Dann merke ich, dass er mit mir kommuniziert. Dann entdecke ich sein Reden durch andere Menschen, durch die Natur und natürlich durch die Bibel. Dann verstehe ich, was er mir mit bestimmten Begegnungen und Erlebnissen sagen will.

Ist mein Herz hart, verpasse ich das. Dann frage ich nicht danach – und ich sehe es auch nicht. Natürlich kann Gott mich auch anschreien; und manchmal tut er das auch, weil er mich liebt. Aber Gott ist ein Gentleman und wir müssen lernen, ihn zu hören. Er drängt sich nicht unverschämt auf.

Meine einzige Chance ist, dass Gott Herzen verändern kann. Und das kann er wirklich! Meins. Deins. Und das deiner Jugendlichen. Halte Jesus dein Herz hin. Und wenn es heil ist, halte die Herzen deiner Jugendlichen hin. Jesus macht heil, was gebrochen ist.

TEIL 2

Das

herz

des Teams

Jesus lieben – Mitarbeiter gewinnen

6

Wie du dein Team genießt

Nun haben wir also über dein Herz gesprochen. Aber ihr steht hoffentlich nicht ganz allein da, du und dein Herz. Wie ihr ein Team von Jugendmitarbeitern bekommt, deren Herzen gemeinsam für Jesus und eure Jugendlichen schlagen, das ist jetzt in diesem Teil unser Thema.

Wahrscheinlich gibt es keinen größeren Fan von Teams als mich. Ich bin ein Teamplayer. Was wahrscheinlich auch daran liegt, dass ich alleine zu wenig auf die Reihe kriege ☺. Und dass ich damit beschenkt war und bin, in Teams mit faszinierenden Persönlichkeiten und starken Leitern zu arbeiten.

Ich wünsche jedem auf dieser Erde diese Erfahrung! Wir brauchen einander und dürfen das genießen. Also freu dich an deinem Team. Es gibt keine bessere Art, ein Projekt zu stemmen.

Jetzt kann es sein, dass du sagst: Toll, ich will ja ein Team! Ich will ja gar nicht alleine kämpfen. Aber es gibt niemanden. Es ist keiner da. Und die, die da sind, die wollen oder können nicht. Das klingt dramatisch, aber es stimmt nur manchmal. Natürlich gibt es das und es kann Phasen geben, in denen man alleine kämpfen muss. Aber man darf sich mit diesem Zustand nie zufriedengeben.

Warum überhaupt ein Team?

Alleine Jugendarbeit zu machen ist immer eine Notlösung. Es bleibt ein schlechter Kompromiss. Leider kenne ich viele, die es sich mit dieser Notlösung relativ gemütlich eingerichtet haben. Und dafür gibt es viele nachvollziehbare Gründe.

Schlechte Gründe fürs alleine Wurschteln:

- Ohne Team geht manches schneller. – Ich mache einfach was ich will und muss mich mit niemandem absprechen. Immer alles zu besprechen ist ineffektiv und hält unnötig auf.
- Ein Team zu suchen ist richtig Arbeit. – Ich muss richtig Zeit, Kraft und Energie investieren, um ein gesundes Team aufzubauen und damit zu arbeiten. Und ich habe ja auch so schon genug zu tun, wie soll ich das denn auch noch schaffen?
- Ein Team hindert mich daran, meine Vision zu leben. – Wenn ich ein Team habe, muss ich ja auch Kompromisse machen. Vielleicht kann ich das, was mir wichtig ist, nicht uneingeschränkt leben. Was, wenn mein Team ganz anders denkt als ich?
- Ich fühle mich als Alleinherrscher ganz wohl. – Ich bin wohl dazu geschaffen, alleine das Sagen zu haben. Ein Team stört mich nur. Ich bin besser alleine.

Diese Argumente begegnen mir immer wieder. Aber in jedem Argument stecken gleich mehrere Denkfehler.

Ohne Team geht manches schneller?

Das stimmt natürlich, wenn man einen sehr verkürzten und engen Blickwinkel hat. Eine einzelne Entscheidung wie „Gehen wir heute in die Eisdiele Venezia oder in die Pizzeria La Grotta?" ist alleine schneller gefällt, als wenn man das im Team diskutiert. Da kommen dann vielleicht Grundsatzfragen auf, warum wir überhaupt zum Italiener gehen und ob der Grieche um die Ecke nicht besser ist. Und außerdem, warum wollen wir überhaupt weg – ist es bei uns nicht schön?

Wenn man aber große Ziele hat, sieht das schon anders aus. Und Lebensveränderung, Charakterentwicklung, Inspiration und geistliches Wachstum, das sind sehr große Ziele. Wenn du die erreichen willst, dann bist du alleine nicht nur deutlich langsamer, sondern du kommst irgendwann gar nicht mehr voran. Oder du stehst in der großen Gefahr, an falschen Stellen abzubiegen.

Für manche ist es vielleicht eine wichtige Erkenntnis zum Thema Demut: Ich brauche andere Menschen. So hat Gott uns gemacht. Um mit Menschen zu arbeiten, brauche ich Menschen an meiner Seite.

Ein Team zu suchen ist richtig Arbeit?

Das stimmt natürlich, wenn man kurzfristig denkt. Und es stimmt leider auch, dass man diese Mehrarbeit eines Teamaufbaus nicht abkürzen kann. Hier muss und wird richtig Kraft und Energie reinfließen. Aber diese Energie wird sich schon bald um ein Vielfaches auszahlen. Denn wenn ein Team funktioniert, ist es nicht nur viel schneller, macht mehr Spaß und ist in der Lage, viel mehr in viel kürzerer Zeit zu tun, sondern man kann sich auch gegenseitig entlasten. Die Dinge, die einen viel Zeit und Energie kosten, weil man sie nicht so gut kann, lassen sich an andere im Team delegieren. So hast du mehr Zeit und vor allem mehr Energie und Leidenschaft zur Verfügung! Und vielleicht ist es gar nicht so schwer, wie du gedacht hast. Ein paar Tipps dazu folgen im nächsten Kapitel.

Ein Team hindert mich daran, meine Vision zu leben?

Das stimmt. Vielleicht. Wenn es deine exklusive, nur für dich bestimmte Vision ist, dann werden dich andere dabei stören. Aber dann hat diese Vision in der Jugendarbeit auch nichts verloren. Es geht um Gottes Vision für die Jugendlichen. Und die können wir nur in Gemeinschaft erreichen. Seine Liebe soll wachsen. Seine Früchte sollen wachsen. Und da ist jeder Einzelne von uns begrenzt.

Jeder von uns spiegelt nur gewisse Eigenschaften von Gottes Wesen wider; erst in der Gemeinschaft wird das Bild Gottes voller und vollständiger. Vielleicht bist du besonders barmherzig. Das ist eine tolle Eigenschaft Gottes. Ein anderer ist dafür besonders gerecht. Auch eine tolle Eigenschaft Gottes. Vielleicht bist du besonders wahrheitsliebend. O ja, eine grundlegende Eigenschaft Gottes. Aber wer ergänzt dich im Punkt Einfühlsamkeit? Keiner von uns kann allein Vorbild für die Jugendlichen sein. Wir müssen uns ergänzen. Wir brauchen ein Team. Damit Gottes Vision lebt.

Du fühlst dich als Alleinherrscher ganz wohl?

Dann würdest du das vermutlich aus purer Weisheit niemals so formulieren. Aber leben willst du es trotzdem. Du findest wenige Menschen, die dir gewachsen zu sein scheinen. Du kannst nicht glauben, dass andere in der Gemeinde dir das Wasser reichen können. Es ist einfach sonst niemand so leitungsbegabt wie du.

Wenn dir solche oder ähnliche Gedanken bekannt vorkommen, möchte ich dir gratulieren: Du bist auf die Fährte einer ganz subtilen Sünde gekommen, die nur schwer zu entlarven ist. Sie heißt Stolz und wird von Gott mehr gehasst als alle anderen Sünden. Sie ist die tiefe, versteckte Wurzel vieler, wenn nicht aller Sünden. Und wenn dich die eben beschriebene Haltung einigermaßen klar beschreibt, dann darfst du Gott danken und ihn fragen, ob er das nicht ändern will. Ich bin sicher, er freut sich darauf.

Ich werde hier recht deutlich, weil ich schon zu viele Jugendarbeiten gesehen habe, die an stolzen Leitern gescheitert sind. Aber bevor du mich hier missverstehst: Ich glaube auf jeden Fall, dass eine gute Jugendarbeit (wie jede andere Arbeit auch) eine gute Leitung braucht. Dass du als Leiter ein Team brauchst, bedeutet nicht, dass du hinterher nicht mehr leiten sollst. Und wenn du einen Leiter über dir hast, bedeutet es auch nicht, dass du den Leiter ständig überfahren sollst. Wenn dein Leiter die Gabe der Leitung hat, ist das sein Beitrag für das Team. Wenn du die Gabe der Leitung nicht hast, hast du einen anderen, ebenso wertvollen Beitrag für das Team.

Gute Gründe für ein Team

Nun also andersherum ein paar positive Argumente dafür, dass Teamarbeit Gottes beste Idee zum Thema Jugendarbeit war:

Du kannst das tun, was nur du gut kannst

Ein gutes Team ergänzt sich. Die Bibel sagt ja mit den Worten von Paulus, dass wir als Christen „ein Leib" sind und jeder von uns ein anderes Körperteil ist. Ohne Auge wäre eine Hand ganz schön aufgeschmissen, Kopf ohne Hals wäre auch echt im Nachteil. Was Mund ohne Zunge machen würde, will ich gar nicht so genau wissen. Und wenn erst dein Knie die nächste Bibelarbeit schreiben müsste, weil die Hand gerade nicht da ist, wäre das nicht ganz so effektiv. Mir vorzustellen, wie das wäre, wenn dein Hintern reden müsste, weil dein Mund gerade Urlaub hat, halte ich in diesem Buch für unpassend, darum sage ich dazu mal lieber nix. Fest steht: Gemeinsam kann man viel mehr als allein – und man kann es besser.

Deine Jugendarbeit wird breiter, tiefer und größer

Unterschiedliche Mitarbeiter ziehen unterschiedliche Jugendliche an. Es gibt keinen, auf den alle stehen (ich hab zwar auch lange gedacht, ich wär da eine Ausnahme, aber … ☺). Wenn ihr wachsen wollt, müsst ihr mehrere sein. Einfach weil Menschen unterschiedlich sind. Der eine findet es zum Beispiel total super, dass du so ein Abenteurer bist und ständig verrückte Aktionen planst. Die anderen kommen damit gar nicht klar, aber sie kommen trotzdem, weil da ja noch deine Mitarbeiterin Anne ist. Die hört so gut zu und ist wirklich kreativ. Das mögen andere.

Dazu kommt noch, dass du dich nur um eine bestimmte Anzahl von Jugendlichen wirklich kümmern kannst. Ich glaube, dass das nicht mehr als 12 bis 15 Leute sind. Dann wird es zu viel und einige werden sich benachteiligt fühlen und wegbleiben. Wirklich in der Tiefe wachsen werdet ihr nur, wenn eure Jugendlichen die Chance haben, die Unterschiedlichkeit von mehreren Mitarbeitern zu erleben.

Du lernst von den anderen

Wer eng zusammenarbeitet, mit einer gemeinsamen Vision, wird sich gegenseitig inspirieren. Das wird auch dich verändern. Du lernst dazu. Weil Tim zum Beispiel so gute Andachten macht und dir Tipps gibt, wie das geht, traust du dich heute auch an Andachten heran. Und sein Feedback macht dich besser.

In meinem Jumi[4]-Team als Jugendreferent in Wiedenest profitiere ich unglaublich von meinem Team. Ich werde nie ein Tabellen- und Statistikfreund werden, aber ich habe unglaublich viel von Veit gelernt: Wie man vernünftige Pläne macht, die einem bei einem Projekt helfen, wie man Veranstaltungen gut auswertet, wie man gut plant, wie man Ergebnisse festhält … Mittlerweile ist mir vieles davon so selbstverständlich, als hätte ich es nie anders gemacht. Dabei hätte ich das vor einigen Jahren noch gar nicht gekonnt – weil ich nicht wusste wie. Dazi ist der ausgewogenste und gründlichste Mensch, den ich kenne. Eine übereilte Entscheidung, ohne wirklich nachgedacht zu haben, fällt mit ihm im Team schwer. Er denkt gründlich und gut nach; das inspiriert mich, es auch zu tun. So lerne ich von ihm. Henry liest viel und stellt gerne den Status quo infrage. Das ist ein ganz wichtiger Beitrag, wenn wir mal wieder in der Gefahr stehen, einfach zu tun, was man halt so tut. Ohne Henry würden wir nicht so gründlich und zielorientiert denken. Julian sprüht vor Motivation und Ideen und ist ein Macher. Er scheut keine Herausforderung und bleibt immer optimistisch.

Benjamin reflektiert und hinterfragt auch, auf konstruktive Art und Weise. Und wenn er etwas durchdenkt, dann ist es auch durchdacht. Wir brauchen uns alle gegenseitig.

In jedem Team, in dem ich bisher mitgemacht habe, konnte ich von den anderen lernen. Diese Erfahrungen und die erlernte Kompetenz, die gewachsene Leidenschaft, die größer gewordene Liebe zu Gott und zu Jugendlichen möchte ich nicht mehr missen. Und dir wird es nach einigen Jahren mit einem guten Team genauso gehen.

Genieße die Unterschiedlichkeit, die Ergänzung! Sei du selbst – und lass dich inspirieren und prägen. Ein Team bietet dir einen Schutzraum, in dem du super lernen kannst. Denn da kannst du einfach Dinge ausprobieren, Fehler machen, aufstehen, weitermachen. Ihr kennt euch ja. Und ihr wisst: Keiner hier ist perfekt. Also los!

Du findest echte Freunde

Ich glaube, es gibt wenige Dinge, die Menschen so eng zusammenschweißen, wie das gemeinsame Arbeiten, Kämpfen, Siegen, Hinfallen, Aufstehen und Zugehen auf eine gemeinsame, von Gott geschenkte Vision. Und genau das ist Jugendarbeit.

Ich bin im Alter von 18 bis 24 Jahren fünf Mal umgezogen und habe an jedem Ort in verschiedenen Teams Jugendarbeit gemacht. In Gemeinden vor Ort und in christlichen Werken. Wenn ich heute über zehn Jahre später zurückblicke, dann fällt mir auf, dass ich aus jedem Ort gute Freundschaften mitgenommen habe. Und die echten, tiefen und beständigen Freundschaften, die bis heute gehalten haben, sind alle zu Leuten, mit denen ich im Team gelitten, gekämpft und Gott gedient habe. Ich vermute dahinter ein geistliches Prinzip.

Natürlich ist das kein Selbstläufer. Nicht alle Teammitglieder werden automatisch zu deinen besten Freunden. Mit manchen wirst du ewig ringen und nie wirklich verstehen, warum Gott diese Person gemacht hat und sie auch noch in dein Team gestellt hat. Und wenn du die Chance hast, dir ein Team selbst zusammenzustellen, dann darfst du darauf achten, dass die Chemie unter euch auch stimmt. (Dazu mehr im nächsten Kapitel.) Aber Gott hat mich auch schon oft überrascht und Menschen, mit denen ich mir ein wie auch immer geartetes freundschaftliches Verhältnis überhaupt nicht vorstellen konnte, sind doch zu Freunden geworden. Weil wir denselben Herzschlag hatten, Jugendliche und Gott lieben und gemeinsam daran gearbeitet haben. Gott kann das.

Du wirst dich selbst mit deiner Kreativität überraschen

Wer im Team denkt und arbeitet, wird um ein Vielfaches kreativer, als es alleine möglich wäre. Denn im Entwickeln wird jeder zum Geber und Empfänger von Ideen. So wird jede Idee von allen weiterentwickelt. Und plötzlich hast ausgerechnet du den zündenden Gedanken und weißt gar nicht genau, wo er herkommt. Ich sag dir, woher: aus dem Team. Denn gemeinsam entstehen die tollsten Sachen.

Du bist motiviert? Gut. – Du bist frustriert, weil du das ja alles auch so siehst, aber eben kein Team hast und dich fragst, wie man ein solches Team findet? Und was du dazu tun kannst? Gute Frage ... um die es im nächsten Kapitel geht.

7

Wie du dein Team zusammenstellst

Wenn ich mich auf die Suche nach fitten Mitarbeitern mache, nach meinem Traumteam, dann kann ich an ganz unterschiedlichen Stellen anfangen zu suchen. Da gibt es kein richtig oder falsch, aber es gibt eine gute Reihenfolge in der Vorgehensweise.

Ich würde immer *von innen nach außen* vorgehen. Zuerst schaue ich meine Jugendlichen an und frage mich, ob da nicht Potenzial schlummert, das ich wecken kann. Dann schaue ich in meiner gesamten Gemeinde nach, ob sich da nicht irgendwo der perfekte Mitarbeiter versteckt hat. Und wenn ich wirklich, so ganz in echt, niemanden finde, würde ich sogar noch weiter schauen: Gibt es Christen, die gerade eine Gemeinde suchen? Christen, die hierherziehen wollen – oder die ich davon überzeugen könnte, das zu tun?

Bei allen Schritten bete ich, denn Gott weiß genau, was wir brauchen. Er sagt ja, dass wir beten sollen, damit *er* die Mitarbeiter in die Ernte schickt. Weil ich darauf vertraue, glaube ich auch, dass er eine Lösung finden wird, wie unwahrscheinlich sie auch sein mag. Gott selbst hat ja klargemacht, dass er für die Mitarbeitergewinnung zuständig ist. Unser Job ist es, dafür zu beten.

Natürlich werde ich auch aktiv. Überlege, plane, frage an, schaue mich um, prüfe, schreibe ein Profil, werbe mit einer Vision und was mir noch so alles einfällt. Aber Gott muss die Leute zeigen und schicken. Er ist dafür verantwortlich. Das entspannt mich. Und motiviert mich.

Und damit wir gleich hoch motiviert von innen nach außen nach Mitarbeitern suchen können, müssen wir noch eine kleine, aber wichtige Frage klären, die zwar selten laut gestellt wird, aber oft mitten im Raum steht:

Mitarbeiter gewinnen: Darf ich das überhaupt?

Vielleicht hast du dich ja auch schon einmal gefragt (oder bist von anderen gefragt worden): „Hast du nicht ein schlechtes Gewissen, hart arbeitende Leute, die am besten noch Familie haben, auch noch in deiner Jugendarbeit einzuspannen?"

Da ist der Schlosser, der kurz vor fünf müde sein Werkzeug fallen lässt und bestimmt froh ist, ein wenig auszuruhen und seine Kinder zu sehen. Der Immobilienmakler, der jede Woche seinen Kunden 38 Wohnungen zeigt und hofft, wenigstens eine zu verkaufen. Der Jurastudent, der ständig im Stress ist und kaum seine Klausuren schafft. Und da sind die ganz normalen Schüler, die immer wieder mit Klausuren kämpfen. Und da noch in der Gemeinde mitarbeiten? Muss das sein?

Ja, unbedingt! Denn wenn wir das nicht tun, verpassen wir einen Teil der Berufung, die Gott für uns vorgesehen hat. Und das wird uns unzufrieden machen. Gott selbst sagt, dass wir *Erfüllung* erleben, wenn wir ihm dienen. Wenn wir uns in sein Reich einbringen, werden wir Gott in einem Maße erleben und erfahren wie nirgends sonst. Natürlich kostet Mitarbeit Zeit, Kraft und Nerven, aber sie ist der beste Weg, Gott tief und real zu erfahren, seine Macht zu erleben. So hat er es gewollt.

Früher hatte ich manchmal ein schlechtes Gewissen, Menschen einzuladen, in der Gemeinde mitzuarbeiten. Mittlerweile hat sich das total geändert. Denn wenn wir Menschen in die Mitarbeit rufen, dann laden wir sie dazu ein, sich von Gott in einer Art und Weise gebrauchen zu lassen, die sie sich nie erträumt hätten. Wir haben die einmalige Gelegenheit, ihnen dabei zu helfen, Gaben zu entdecken und zu entwickeln, von denen sie gar nicht wussten, dass sie sie haben. Wir können sie anfeuern, wenn sie mutig neue Herausforderungen anpacken und Aufgaben im Reich Gottes übernehmen, die ihre Herzen bis zum Überfließen füllen. Und wir dürfen den Ausdruck auf ihrem Gesicht sehen, wenn ihnen klar wird, dass Gott sie gebraucht hat, um einen anderen Menschen zu erreichen.

Vielleicht hast du ja schon mal das Buch „Prediger" im Alten Testament gelesen. Der Verfasser des Buches entschließt sich zu Beginn, den Sinn seines Lebens zu ergründen. Also fängt er damit an, richtig viel Kohle anzuhäufen. Volle Bankkonten, dicke Villa, teures Auto – nur um festzustellen, dass er das, was er eigentlich sucht, nicht gefunden hat. Er bleibt leer. Als Nächstes stürzt er sich auf die Macht. Keine Ahnung, warum er so von der Sonne geküsst ist, aber er wird tatsächlich sehr mächtig – um dann doch festzustellen, dass auch die größte Macht ihm nichts bringt.

Wieder nix. Also denkt er, das volle Auskosten von allerlei Dingen (die in diesem Buch nichts verloren haben, die wir aber alle kennen, weil wir ja nicht doof sind), das bringts: Sex als Zeitvertreib, alkoholische Genüsse, exzessive Partys. Volles Leben „in der Welt", wie wir so schön unverfänglich fromm sagen – alles mitnehmen. Und auch wenn der normale Jugendliche sich jetzt innerlich weigert, das zu glauben: wieder nix! Leere, Sinnlosigkeit, Unglück. Also noch ein Versuch: Ruhm und Ehre. Wir ahnen, wie es ausgehen muss. Am Ende seiner Bemühungen kommt er immer wieder zu seinem berühmten Fazit: *„Es ist alles eitel und ein Haschen nach Wind."*[5]

Wie dumm. Und vor allem: Wie schade. Wie sinnlos. Und jetzt pass auf: Du hast die Chance, deine Mitchristen vor demselben sinnlosen Quatsch zu bewahren. Du kannst ihnen eine andere Perspektive geben. Wir sind nicht dazu geschaffen, vergeblich dem Wind nachzujagen! Wir sind dazu geschaffen, Gottes Auftrag zu erfüllen und sein Reich zu bauen.

Das fällt gar nicht so leicht zu glauben. Aber der Jugendliche, der alle seine Zeit in sein Studium investiert, nebenher noch arbeitet (damit er sich trotzdem einen kleinen Urlaub leisten kann) und deswegen nicht in der Gemeinde, im Reich Gottes, mitarbeiten will, der wird das Eigentliche verpassen. Und du kannst ihm helfen: „Wie, du arbeitest noch nicht in der Gemeinde mit? Noch keine Aufgabe? Das tut mir leid!" Wärst du in meiner Gemeinde ohne Aufgabe, ich hätte vermutlich ein schlechtes Gewissen.

Manche Christen haben ja insgeheim das Bild von Gott, dass er irgendwo an den Randgebieten des Universums gemütlich rumhängt und qualitativ hochwertige Anbetungsmusik hört. Ab und zu sieht er mal nach, wie das mit der Gemeinde so läuft, und lächelt. Oder schüttelt entnervt den Kopf.

Aber die Bibel sagt, dass Gott pausenlos aktiv ist; er ist permanent dabei, sein Reich aufzurichten, Menschen zu retten. Auf der ganzen Welt ist er an der Arbeit, um seine Nachfolger mit Kraft, Gnade und Liebe zu erfüllen, damit sie mit ihm zusammen seinen kaputten Planeten wieder zurückerobern können. Er will retten und heilen. Und er will das mit dir zusammen!

 *Willst du das wirklich verpassen? Willst du das wirklich den anderen aus der Gemeinde vorenthalten? Willst du nicht erleben, wie Gott durch dich und andere Wunder tut?*

Gott steht in den Startlöchern und wartet nur darauf, dass wir mit ihm loslegen. Er hält so einiges für uns parat. Besonders cool finde ich, wie Bill Hybels diesen Gedanken in seinem Buch *Die Mitarbeiterrevolution* auf den Punkt bringt: „Wie würde es sich wohl anfühlen, abends den Kopf aufs Kissen sinken zu lassen und zu sagen: Weißt du, was ich heute gemacht habe? Ich habe mich mit Gott zusammengetan, um die Welt zu retten!"[6] Das kannst du auch. Und du kannst andere dafür gewinnen.

Wenn du also auf die Suche nach Mitarbeitern für die Jugendarbeit gehst, dann ist das kein Betteln und Flehen um die Gnade der anderen, nichts, was du halt tun musst. Es ist unser aller Auftrag. Damit gewinnen wir Jugendliche und Ältere in der Gemeinde zur wichtigsten Aufgabe auf der Welt.

Ist uns das bewusst? Prägt dieses Verständnis unsere Suche oder fragen wir immer nur unter Druck und mit schlechtem Gewissen an, mit dem Gefühl, ihnen eine unnötige Last aufzuerlegen?

Also los. Suche dir Mitstreiter, um die Welt zu verändern!

1. Jugendliche entdecken

Der beste Startpunkt für die Mitarbeiterfindung sind immer die eigenen Jugendlichen. Die kennst du, die erlebst du, die sind sowieso da. Und die kannst du am besten einschätzen. Dabei ist die leitende Fragestellung:

 *Wie können wir möglichst viele junge Menschen in Mitarbeit hineinführen? Wie können junge Menschen ihre Gaben kennenlernen und Gott in der Mitarbeit erleben?*

Also nicht: „Wie kann ich unter den vielen Jugendlichen den einen finden, der möglichst schon alles mitbringt, was ein Mitarbeiter an Erfahrung und Kompetenz braucht?" Mitarbeit ist ein Weg zur Integration von Kids und Jugendlichen in die Gemeinde. Mitarbeiterförderung sollte so breit wie möglich geschehen. Für jeden jungen Menschen gibt es einen Platz zum Mitmachen, warum nicht auch bei dir in deiner Jugendgruppe?

Und auch nicht: Hauptsache, ich bekomme meine Lücken gefüllt! Viele Leiter meinen, dass sie alles getan haben, wenn sie kleine Angestellte in ihrem Team haben – und wundern sich dann, wenn die „Angestellten" irgendwann wieder abhauen oder statt in der Jugend lieber in der Jungschar mitarbeiten.

Das Dumme ist nur, dass man vielleicht sogar viele Jugendliche in seiner Gruppe hat und sie wirklich fördern will, aber einfach keinen findet, der als Mitarbeiter indrage kommt. Irgendwie ist keiner fähig genug, gut genug, geeignet … Mal ganz abgesehen davon, dass diese Aussage, wenn sie wahr ist, auch etwas über die Qualität der Jugendarbeit aussagt: Meistens haben wir einfach nur die falsche Perspektive. Wir blicken mit den falschen Augen auf unsere Jugendlichen. Was kann man also tun?

Um diesen Blick zu korrigieren, kann man verschiedene Wege gehen. Ein sehr hilfreicher Weg ist, die Jugendlichen systematisch zu erfassen und zu kategorisieren. Ich nehme mir dann ein Blatt Papier und zeichne darauf zwei Pfeile. Am unteren Rand des Blattes mache ich einen Pfeil von links nach rechts und schreibe „Kompetenz" drunter. Am linken Rand mache ich einen Pfeil von unten nach oben und schreibe „Charakter" daneben. Jetzt notiere ich mir die Namen der vom Alter her infrage kommenden Jugendlichen auf das Blatt. Dabei überlege ich genau, wen ich wohin schreibe:

- Hat Jan die Kompetenz, die er für die Mitarbeit braucht? Ein bisschen vielleicht – ich würde ihn wohl in die Mitte schreiben. Wie ist sein Herz, sein Charakter? Oh, da ist er wirklich fit. Ein äußerst reifer, cooler Jugendlicher. Da würde ich ihn ziemlich weit oben einschätzen. Also schreibe ich ihn oben in die Mitte.
- Thomas … ja, Thomas ist so ein Fall. Kompetenz? Nee. Charakter? Ausbaufähig. Er steht also unten links. Und so mache ich weiter – und bin oft überrascht, dass es doch ein paar gibt, die am rechten Rand stehen. Und sogar welche, die rechts oben oder mittig oben stehen. Das hilft mir.

So sortiere ich meine Jugendlichen

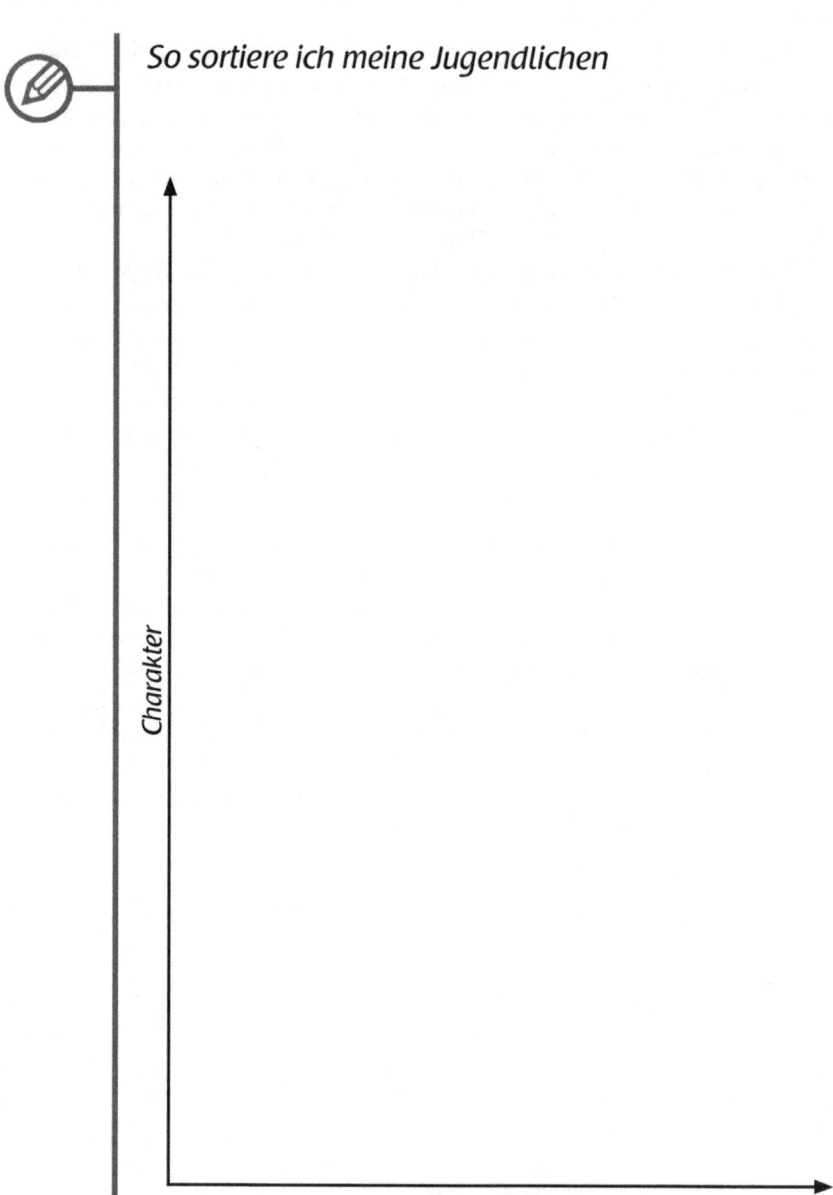

Charakter

Kompetenz

Dabei habe ich in den Jahren eines gelernt: Kompetenz kann man recht schnell lernen, Charakter ist wichtiger. Ich würde nie jemanden fragen, ob er mit mir im Team arbeiten will, den ich charakterlich nicht für qualifiziert halte.

Was meine ich mit „charakterlich qualifiziert"? Er oder sie muss Jesus lieben und ein Verlangen danach haben, geistlich wachsen zu wollen. Wenn er oder sie noch nicht so viel Erfahrung hat oder die Kompetenz noch einen weiten Weg vor sich hat: kein Problem. Wenn der Charakter echte Mängel zeigt: großes Problem!

Darüber hinaus hat mir eine Liste, die ich vor einigen Jahren mal im *TEC:Magazin*[7] gefunden habe, dabei geholfen, systematisch vorzugehen und betend zu suchen:

So werden Teenager zu motivierten Mitarbeitern:

1. Nimm dir deine Teenkreisliste zur Hand.
2. Schau dir eine Woche lang betend die Namen an, die auf deiner Liste stehen. Pro Tag etwa 5 bis 15 Minuten.
3. Lass dir von Gott 1 bis 3 Teens auf deiner Liste zeigen, die du in den kommenden Wochen und Monaten fördern kannst.
4. Sprich die Teenies darauf an, dass du sie gerne für die Mitarbeit gewinnen möchtest, und frage sie, ob sie dazu bereit sind. Spiele mit offenen Karten, d.h. sie dürfen und sollen wissen, dass es sie z.B. Zeit kosten wird.
5. Nimm dir mindestens einmal im Monat Zeit, um dich zusätzlich zum Teenkreis mit ihnen zu treffen. Rede mit ihnen über die Ziele eures Teenkreises, über ihre Beziehung zu Gott, über *deine* Beziehung zu Gott.
6. Erstelle gemeinsam mit ihnen eine Art Aufgabenkatalog, was es im Teenkreis alles zu tun gibt – Spiele, Aufbauen, Andacht ...
7. Biete ihnen an, sie zu unterstützen, besonders wenn sie für inhaltliche Programmpunkte verantwortlich sind.
8. Gebt euch gegenseitig Feedback. Wenn sie noch nicht so weit sind, dann gib du ihnen einzeln eine Rückmeldung. Was hast du empfunden, was hast du wahrgenommen?
9. Nach einem Jahr findet eine Zäsur statt: Wie haben sie sich erlebt, wie habt ihr den Teenkreis erlebt, wie habt ihr Gott erlebt?
10. Nimm dir wieder deine Liste und fang mit 1 bis 3 Teenagern von vorne an.

Besonders cool finde ich Punkt 10. Denn Mitarbeiterfindung ist ein permanenter Prozess. Nie abgeschlossen. Und gerade in der Jugendarbeit ist es ja so, dass die fitten Leute immer gehen, wenn sie gerade selbstständig Verantwortung übernehmen können. Wenn du dich gerade über die Entwicklung freust: Kompetenz von 0 auf 100, Charakter von 80 auf 120, dann sagt dir genau diese Person: „Hey, ich will mal für ein Jahr ins Ausland." Oder: „Markus, ich hab einen Studienplatz in München! Ich will hier mal raus."

So ist das. Und das ist gut. So müsst ihr euch ständig erneuern, neue Leute fördern, entwickeln und ihnen helfen, zu reifen Persönlichkeiten zu werden. So entwickelt sich Jugendarbeit immer weiter.

Wenn du von Jugendarbeit begeistert bist, dann wirst du auch Mitarbeiter gewinnen. Aber wenn du selbst den Sinn dieser Arbeit hinterfragst oder ständig stöhnst, wie anstrengend und stressig das ist, dann wirst du große Mühen haben, jemanden dafür zu erwärmen. Klar kannst du am Ende der Jugendstunde mit leidender Miene davon erzählen, dass ihr halt zu wenige Mitarbeiter seid und dass das so nicht weitergehen kann. Dass es schon echt schade ist, dass es offensichtlich niemandem in der Jugend so richtig wichtig ist, Jugendarbeit zu machen, und dass das auch nicht in Ordnung ist. Also, wenn jemand merkt, dass das für ihn jetzt dran ist, soll er sich melden ...

– Sehr motivierend, oder? ☺ Alle haben ein schlechtes Gewissen und wenn sich daraufhin überhaupt jemand meldet, dann die, die sowieso schon zu viel machen. Und sie melden sich nicht etwa deshalb, weil sie ein Herz und Liebe für die Jugendarbeit hätten, sondern weil ihr Gewissen zu weich ist, um einfach mal Nein zu sagen.

Darum sei begeistert von deiner Arbeit! Liebe deine Jugendlichen. Habe eine große Vision. Und bete, dass Gott dir Leute an die Seite stellt, die mit dir kämpfen, ringen, beten.

Und wenn du bei deiner Suche nach den richtigen Mitarbeitern gerne strukturiert vorgehen möchtest, dann geht das ganz einfach mit dem BEEP-Prinzip. Kennst du das? Nein? Pass auf:

Das BEEP-Prinzip

Beobachten: Kennst du diese Spielerbeobachter beim Fußball oder Talentspäher beim Fernsehen? Die beobachten Leute. Die haben ein Auge auf jemanden geworfen. Denn sie wollen was!

Entdecken: Das Potenzial entdecken – was kann er? Was sind ihre Begabungen? Wie verhält sie sich? Wie ist er geistlich drauf? Kannst du die Person für deine Arbeit gebrauchen? Wenn ja, dann wird ein Entschluss gefasst!

Entschließen: Du willst diese Person für die Jugendarbeit haben. Dies wird natürlich im Team besprochen. Und dann ist es noch wichtig, dass wir ...

Beten: um Klarheit zu bekommen. Gott soll Türen öffnen oder schließen.

Wichtig ist also, eine große Vision für die Mitarbeiter zu haben, in der Suche strukturiert vorzugehen und offen darüber zu kommunizieren, was man vorhat und wie die Vision aussieht. Ich glaube wirklich, dass man auf diese Weise zu 90 % die Mitarbeiter findet, die man braucht. Wenn man diese Kultur erst einmal installieren muss, kann das natürlich am Anfang mühsam sein und 1 bis 2 Jahre dauern. Aber wenn das zum Standard geworden ist, werdet ihr immer genug Mitarbeiter haben.

Trotzdem gibt es auch noch 10 % aller Jugendarbeiten, bei denen das nicht funktioniert. Weil es wirklich niemanden gibt, der als Mitarbeiter geeignet ist. Was kann man dann machen?

2. Den Blick weiten –
Mitarbeiter in der Gemeinde finden

Das BEEP-Prinzip kann ich natürlich in der gesamten Gemeinde gut anwenden, auch über meine Jugendlichen hinaus. Vielleicht habe ich wirklich keine potenziellen Mitarbeiter in den Reihen meiner Jugendgruppe. Oder ich will erst eine neue Jugendarbeit aufbauen und es sind noch gar keine Jugendlichen da. Dann hilft der Blick in die Gemeinde. Wieder: betend, Gott bittend, dass er Mitarbeiter sendet und dir zeigt, wer wohl die richtigen Personen für dein Team sein könnten.

Das kann manchmal jemand sein, auf den du von alleine niemals gekommen wärst. Vielleicht ein Rentner mit einer großen Liebe für Jugendliche? Ein Familienvater, der gerne Zeit mit Jugendlichen verbringt? Eine Singlefrau mittleren Alters, die sich mit ganzem Herzen für Jugendliche einsetzen will? Alter, Coolness, Fitness sind nicht die entscheidenden Fragen, ob jemand in einem Team eine wertvolle Hilfe ist. Das Herz ist entscheidend.

Drei wichtige Kriterien

Mir hat es in den letzten Jahren sehr geholfen, auf drei Kriterien besonders zu achten, die ich von Bill Hybels[8] gelernt habe: Charakter, Potenzial und Sympathie.

Es ist wichtig, klare Kriterien für die Mitarbeit zu definieren. Wer „darf" überhaupt mitarbeiten? Die Erfahrung zeigt, dass jeder Kompromiss („es gibt halt grad niemand anderen – besser als keiner") sich langfristig destruktiv auswirkt. Auch wenn ein Team total wichtig ist: Lieber ein bisschen länger warten und beten, als einen Kompromiss zu machen, der sich am Ende rächt. Mitarbeiter, die die Vision nicht mittragen, charakterliche Schwächen haben oder die Atmosphäre vergiften, hinterher wieder loszuwerden, ist immer schmerzhaft und schwierig. Darum lieber einmal zu viel hingesehen. Wenn ich mir Mitarbeiter aussuchen kann, achte ich also auf:

1. Charakter

Charakter ist die wichtigste Eigenschaft. Das heißt: Ich muss überzeugt sein vom persönlichen Glauben des potenziellen Mitarbeiters. Ich muss wissen, dass er geistlich wachsen will und dafür Sorge trägt. Ich muss sehen, dass er ehrlich und aufrichtig ist, dass er eine Bereitschaft zur Demut mitbringt, dass er verlässlich ist und bereit, an sich arbeiten zu lassen.

Den Charakter eines Menschen spürst du, auch wenn du ihn schwer beschreiben kannst. Er zeigt sich im Umgang mit anderen Menschen. Vor allem in Stresssituationen. Ist der Mitarbeiter kompromissbereit, gesprächsbereit, empathisch, geistlich stabil, freundlich, liebevoll im Umgang mit Jugendlichen und Mitarbeitern, redet er konstruktiv, baut er auf ...? Das sind alles Kennzeichen eines guten Charakters.

Ich habe auch schon mit anderen Leuten in Teams gearbeitet und gemerkt: Wenn man hier Kompromisse macht, wird sich das eines Tages garantiert rächen. Ist jemand nicht kompetent, kann er dazulernen. Hat jemand aber einen mangelhaften Charakter, schafft das weitreichende Probleme. Charakterschwächen produzieren tendenziell Misstrauen und entfremden oder spalten Teammitglieder.

Ich empfehle euch also wirklich, diesen Punkt ausführlich zu prüfen. Sprecht mit Leuten, die diese Person gut kennen. Betet und sprecht mit der Person. Vielleicht empfiehlt es sich sogar, eine Probezeit auszumachen, damit ein stress- und konfliktfreies Aufhören möglich ist.

Achtung: Natürlich geht es nicht darum, einen sündlosen, perfekten, fehlerfreien Menschen zu finden. Sonst wäre ich auch in keinem Team zu Hause. Zu wissen, dass man sündig, fehlerhaft und nicht allmächtig ist, ist schon mal eine gute Voraussetzung! Der Wille, Gottes Willen zu suchen und tun zu wollen, ist unverzichtbar.

2. Potenzial (Kompetenz)

Natürlich ist es gut, kompetente Leute mit Erfahrung zu finden und ins Team zu holen. Toll, wenn ihr fitte und fähige Leute in eurer Gemeinde habt! Aber bei Teens und Jugendlichen ist das oft erst im Anfangsstadium zu entdecken. Sind die Leute schon älter (18+), kann und sollte man schon eine gewisse Kompetenz im Leben erkennen – und eine Bereitschaft, dazuzulernen.

Bei Teenies ist es also wichtig, das *Potenzial* zu sehen. Glaubst du, dass in diesem Teenie ein fitter, selbstständiger Mensch schlummert, der einmal andere führen wird, der lernen kann, gute Bibelarbeiten zu halten? Ist er lernbereit? Wenn ja: Fördere ihn! Wenn du nicht sicher bist … suche lieber einen anderen.

3. Sympathie

Vielleicht klingt das jetzt ein wenig ungeistlich. Aber es ist wichtig, dass das neue Teammitglied jemand ist, mit dem du und die anderen Teammitglieder sich gut verstehen. Stimmt die „Chemie", passt ihr zueinander? Das klingt allzu menschlich und banal, ist aber sehr entscheidend für die Dynamik und Stimmung in eurem Mitarbeiterkreis – und damit in eurer gesamten Jugend. Nur wenn ihr euch menschlich gut versteht, könnt ihr eine geistliche Dynamik entfachen und nur dann wird es euch auch richtig Spaß machen.

Ich habe als Jugendreferent wahrlich keine Langeweile: Ich bin sehr oft unterwegs, muss viel vorbereiten, kann mich 24 Stunden am Tag im Büro aufhalten, ohne dass mir die Arbeit ausgeht. Trotzdem arbeite ich ehrenamtlich bei einem überregionalen Jugendgottesdienst mit (bei Lifeline). Warum tu ich mir das an?

Natürlich begeistert mich unsere Vision, natürlich ist das eine überaus coole und wichtige Arbeit, natürlich fällt es mir nicht so leicht, da auszusteigen, weil ich von Anfang an dabei war, weil ich miterleben durfte, wie Gott Wachstum schenkt, wie Menschen zu Jesus finden … Und ja, das ist nach wie vor die größte Motivation. Aber genauso stark ist die Tatsache, dass ich in einem Team mit Menschen arbeite, die charakterlich Vorbilder für mich sind, die sehr kompetent sind und mit denen ich mich äußerst prima verstehe. Wir arbeiten gern zusammen, darum hetze ich gerne aus dem Büro, um mit ihnen gemeinsam Lifeline voranzubringen. Ich bin so dankbar für dieses Team und das mittlerweile schon seit 10 Jahren.

Leider kann man sich das nicht immer so aussuchen. Und wenn du dich jetzt fragst, ob lieber du aus der Arbeit aussteigen solltest oder der andere, dann ist das sicher der falsche Weg. Aber ich möchte dir Mut machen, dranzubleiben bei dem Aufbau eines guten Teams. Und wenn jemand in Sicht ist, dann achte auf diese drei Kriterien. Es wird sich lohnen!

8

Wie du deine Mitarbeiter einführst

Herzlichen Glückwunsch, jetzt hast du also ein richtig gutes Team! Der Charakter stimmt, die Kompetenz entwickelt sich und ihr könnt miteinander und übereinander lachen. Sehr gut.

Damit das auch so bleibt oder noch besser wird, möchte ich dir noch ein paar Tipps mitgeben, wie man ein Team gut entwickelt. Denn ein Team ist super, aber kein Selbstläufer. Und wenn du der Leiter bist, dann ist es dein Job, das Team zu fördern und zu entwickeln. Und wenn du nicht der Leiter, aber immerhin ein Teil des Teams bist, kannst du ebenso dazu beitragen.

Die erste, ganz wichtige Erkenntnis: Kein Mitarbeiter ist vom ersten Tag an „drin", kann effektiv und selbstständig arbeiten, ist hoch motiviert und hat den Überblick. Egal wie fit der neue Mitarbeiter ist: Er muss in das Team, in die Arbeit, in seine neue Rolle eingeführt werden. Vielleicht ist dir das zu banal für so ein Buch, aber in der Praxis wird das oft vergessen. Denn wenn es tatsächlich stimmt, dann hat das auch ein paar wichtige, praktische Konsequenzen.

Insider werden

In jeder Gemeinde und jedem Mitarbeiterkreis gibt es „Insider" und „Outsider". Mitarbeiter, die sich zum „inneren Kern" zählen, und welche, die das nicht tun. Das wird in der Regel nicht ausgesprochen, aber man fühlt es. Meist ist es vielen noch nicht einmal bewusst – und trotzdem real. Vor allem die, die sich „außen" fühlen, kennen das Gefühl ganz genau.

!—— *Deine Verantwortung als Leiter ist es,*
dass alle zu Insidern werden.

Insider sprechen von „Team", von „wir" und „uns". Outsider reden von *die* haben ...", „die anderen ...", von „die Gemeinde", „der Mitarbeiterkreis". Sind eure Mitarbeiter Insider oder Outsider? Nur wenn sie Insider sind, werden sie sich voll und leidenschaftlich einbringen, mitdenken, nach vorne denken. Outsider arbeiten lediglich Aufgaben ab; Insider sind engagiert. Outsider machen „Dienst nach Vorschrift" – und sind auch schnell mal wieder weg.

Im letzten Kapitel habe ich kurz von unserem Jugendgottesdienst Lifeline gesprochen. Dort haben wir über 100 Mitarbeiter in ganz verschiedenen Teams. Besonders beeindruckt hat mich Oliver, der Leiter des Putzteams. Über viele Jahre hat er dieses Team geleitet. Selbst als er weggezogen ist, hat er das noch eine Weile weitergemacht, bis wir die Nachfolge vernünftig planen konnten. Eigentlich hat er nichts anderes gemacht, als die Toiletten in der Turnhalle vor der Veranstaltung zu reinigen, während der Veranstaltung auf Sauberkeit zu achten und hinterher alles wieder schön sauber zu machen. Dazu hatte er ein Team, dem er die Aufgaben erklärt hat, und er hat dafür gesorgt, dass alles immer rundlief.

Aber wenn du mit ihm über Lifeline geredet hast, dann hat er immer von „wir" gesprochen: „Wir bei Lifeline haben darüber gepredigt. Bei uns haben sich am Sonntag 30 Leute bekehrt. Wir haben uns entschieden, das Thema soundso anzupacken ..." Er hatte eine so starke Identifikation mit der Sache, dass er ein echter Insider war. Das hat alle, die mit ihm zu tun hatten, gleich mit motiviert.

Es kann leider auch anders sein. Ich erinnere mich an ein Mitarbeiterteam einer Teengruppe in einer Gemeinde: fünf Leute, ein Team. Aber in diesem Team gab es ein „ihr" und ein „ich". Eine Mitarbeiterin sprach über die anderen immer von „ihr": „Im Teenkreis habt ihr ..." Es ist ihr nicht gelungen, sich mit dem Team und der Arbeit zu identifizieren. Oder besser: Es ist dem Leiter des Teams nicht gelungen, sie wirklich ins Team zu integrieren.

Dafür kann es ganz viele Gründe geben. Trotzdem ist es entscheidend, dass Mitarbeiter gut und richtig eingeführt werden. Das geht nur über die Insider: Nur sie können neue Mitarbeiter so einführen, dass diese selbst zu Insidern werden.

Befürchtungen verlieren

Neue Mitarbeiter haben meist drei Dinge gemeinsam:

1. Sie fragen sich, ob sie das wirklich können und die Erwartungen erfüllen.
2. Daher befürchten sie, dass sie vielleicht nur ihre Zeit verschwenden.
3. Sie fragen sich, ob ihre Mitarbeit einen echten Unterschied macht.

Sehen wir uns doch mal an, wie diese Befürchtungen konkret aussehen und warum es so wichtig ist, sie zu kennen.

1. Erfülle ich die Erwartungen?

Wer neu im Team ist, beobachtet sich und andere sehr vorsichtig. Die meisten Menschen beobachten kritisch – vor allem sich selbst, in neuen Situationen. Dabei ist die Gefahr sehr hoch, dass man manchen Kleinigkeiten, die an sich gar nicht dramatisch sind, eine größere Bedeutung beimisst, als es gesund und richtig ist. Darum brauchen neue Mitarbeiter besonders häufig besonders ermutigendes Feedback.

Dabei ist die erste Mitarbeitserfahrung meist prägend für die Haltung, die ein Mitarbeiter für den Rest seines Lebens zum Thema Mitarbeit haben wird. Und du kannst dafür sorgen, dass es eine positive Erfahrung wird!

Vielleicht hast du das auch schon erlebt: Christoph war ein sehr motivierter und fähiger Mitarbeiter in seinem Teenkreis. Ein offener, fröhlicher junger Mann mit einem Herzen für Jesus und für Jugendliche. Mit seinem Humor gewann er wirklich jeden und entkrampfte die heikelsten Situationen. Er war sportlich und liebte es, mit seinen Jugendlichen alle möglichen verrückten und extremen Sportarten auszuprobieren. Dabei war er sich für keinen dummen Spaß zu schade. Mit all dem half er den Jugendlichen auf ihrem Weg mit Jesus, denn er lebte die Liebe zu Jesus, verstand es, zur richtigen Zeit die richtigen Fragen zu stellen, und seine Andachten gehörten zu den besten, die ich so gehört habe.

Dann ging sein Arbeitgeber insolvent und er musste sich einen neuen Job suchen. Den fand er schnell – allerdings gut 200 km von seiner Gemeinde entfernt. Also musste er umziehen. Für ihn war es klar, an seinem neuen Wohnort wieder in der Gemeinde mitzuarbeiten, natürlich in der Jugendarbeit.

Ungefähr sechs Monate nach seinem Umzug saßen wir zusammen, bei einem guten Glas Rotwein, viel Spaß und inspirierenden Gesprächen über die Gemeinde von heute und morgen. „Und wie läuft es mit dir in der neuen Jugendarbeit?"

Sein Gesichtsausdruck verhieß nichts Gutes. Er ließ sich Zeit mit seiner Antwort und sagte dann nichts als ein vielsagendes: „Och … ganz okay eigentlich."

„Komm schon, was ist?"

„Ach, weißt du … ich überlege gerade, damit aufzuhören. Ich weiß irgendwie nicht, ob das mein Ding ist."

„Dein Ding ist?" Ich wollte ihm schon an den Hals springen, aber meine gute Erziehung hielt mich davon ab. Also versuchte ich, so neutral wie möglich zu fragen: „Bist du des Wahnsinns?! Ich kenne kaum einen, für den das mehr ‚sein Ding' sein könnte!"

Dank meiner guten Erziehung verbot ich es mir auch, gleich beim dortigen Jugendleiter anzurufen und ihn zu fragen, was er mit meinem tollen Mitarbeiter angestellt hatte. Außerdem war es einfacher, Christoph direkt zu fragen: „Erzähl, wie kommst du darauf?"

Eigentlich war alles halb so wild – aber doppelt so dramatisch. Christoph war hoch motiviert eingestiegen, hatte gleich am Anfang Vollgas gegeben. Und ohne dass ich dabei war, bin ich mir sicher, dass er eine Bereicherung für die Arbeit war. Aber keiner hatte ihm irgendein Feedback gegeben. Keiner hatte ihm gesagt, wie sein Beitrag ankam. Kein Jugendlicher und vor allem: kein Mitarbeiter. Noch schlimmer: kein Leiter! Kein Feedback ist auch eins. Und zwar ein sehr destruktives. Und gerade wenn man neu ist und ein bisschen unsicher in der neuen Rolle, kann das einem jede Motivation und Sicherheit rauben. Selbst einem so fitten Mitarbeiter wie Christoph.

In den letzten sechs Monaten hatte er nicht ein einziges konstruktives Feedback bekommen. Und dabei geht es nicht darum, allen ein bisschen Honig um den Mund zu schmieren: Ein ehrliches, konstruktives, ermutigendes Feedback braucht jeder Mitarbeiter! Und er verdient es auch. Bei neuen Mitarbeitern ist es existenziell wichtig, sonst sind sie wieder weg – und obendrein frustriert. Ein Wunder, dass Christoph überhaupt sechs Monate ausgehalten hatte.

Da ich den Leiter der Jugendarbeit, in die Christoph eingestiegen war, auch kannte, rief ich ihn einfach mal an und fragte, wie es so läuft und wie sich Christoph so macht. Und siehe da: Er war schlicht begeistert und dankbar, dass Gott einen solchen Mann in seine Gemeinde geschickt hatte! „Die Jugendlichen lieben ihn. Die Mitarbeiter sind froh, dass er da ist ..." – Dann könnte man ihm das ruhig auch mal sagen.

Leider ist gutes Feedback in den meisten Gemeinden immer noch selten. Ein nichtssagendes „Ach, ganz gut!" auf die Frage, wie es war, gehört für mich zu der Kategorie „kein Feedback". Denn das ist weder konstruktiv noch hilfreich und meist auch nicht ehrlich. Dem Mitarbeiter zu sagen: „Melde dich, wenn was ist" und ihn dann sich selbst zu überlassen, ist auch keine Lösung. Wir müssen lernen, aneinander dran zu sein und uns zu unterstützen. Feedback ist dabei eine sehr elegante und gute Lösung.

 *Darum sprich mit deinen Mitarbeitern! Ermutige sie. Frag sie, wie es ihnen geht. Ob sie in ihrem Job Erfüllung erleben, ob sie sich wohlfühlen ... Und bitte sie um Vorschläge, ob und wie du als Leiter etwas verbessern kannst.*

2. Verschwende ich meine Zeit?

In deiner Gemeinde steht ein großes Projekt an: Ihr plant eine Evangelisation mit Straßeneinsätzen, Konzerten und was immer dir noch an guten Ideen einfällt. An drei Sonntagen nacheinander wirbst du in den Ansagen im Gottesdienst um Mitarbeiter. Viele melden sich. Auch Tim. Da er kaufmännisch begabt ist, bittest du ihn, 200 Briefe einzutüten und zu verschicken.

Das macht er gerne. Tim fährt extra früher von der Arbeit nach Hause, hat einen Babysitter organisiert, fährt mit Bus und Bahn eine Dreiviertelstunde zur Gemeinde und ist pünktlich dort – nur um zu entdecken, dass er eigentlich gar nicht gebraucht wird. Entweder hat das jemand schon vor ihm mal eben erledigt oder es ist halt grad niemand da. Tim kratzt sich am Kopf, steht 20 Minuten sinnlos herum und hofft, dass endlich jemand mit den Briefen aufkreuzt, die er in die Umschläge stecken soll. Aber keiner kommt.

Das ist die beste Garantie dafür, dass Tim sich nie wieder meldet. Mindestens genauso zermürbend und demotivierend sind zeitraubende, unnötige Sitzungen. Wie oft habe ich in und nach zweistündigen Sitzungen mit viel Blabla und ohne Ergebnis gedacht: Ohne mich! Wenn ihr Spaß daran habt – gerne. Aber dafür sitze ich hier nicht rum.

Natürlich gilt nicht nur das Prinzip der Unterforderung, man kann Mitarbeiter schnell auch überfordern. Da hat jemand die letzte Jugendstunde so toll gemacht, und schon ist man dabei: „Hey, ich denke, du solltest von nun an alle Bibelarbeiten in diesem Jahr bei uns halten … und zwei Kleingruppen leiten! Und spielst du nicht auch Gitarre? Und die Technik kriegt auch keiner so gut hin wie du. Danke."

 *Es ist dein Job, deinen Mitarbeitern einen guten Job zu geben, der sie weder überlastet noch unterfordert. Und zu dem sie konstruktives Feedback bekommen.*

3. Mache ich einen Unterschied?

Wer sich freiwillig für etwas einsetzt, sollte wissen, dass sein Beitrag einen Wert für das große Ganze hat. (Wer sich unfreiwillig einsetzt, natürlich auch.) Ja, dass du bei unserem Jugendgottesdienst die Parkplätze zuweist und auf dem Platz für Ordnung sorgst, hat einen großen Wert für das Ganze! Die Besucher können parken, finden so pünktlich und vermutlich gut gelaunt in den Gottesdienst und kriegen ihn dadurch überhaupt mit. Und dass du auf der Freizeit die Küche machst, ist enorm wichtig für das große Ganze, denn ohne Essen schlechte Stimmung. Schlechtes Essen – auch schlechte Stimmung. Auch wenn du nur Gurken schnippelst: Du leistest einen wertvollen Beitrag dazu, dass Jugendliche die Chance bekommen, geistlich zu wachsen.

Es gibt Jobs, da sieht man das nicht so automatisch wie bei anderen. Also müssen wir es klarmachen. Denn wenn man neu ist, neigt man dazu, seinen Beitrag geringzuschätzen: Die anderen können sowieso alles besser; sie kennen sich besser aus, also sind sie wichtiger.

Ich war noch zarte 17, als ein Jugendreferent in unserer Region mich fragte, ob ich nicht Lust hätte, bei einer Mitarbeiterzeitschrift im Redaktionsteam mitzumachen. Ich überlegte nicht lang und sagte gerne zu. Dabei hatte ich mit Zeitschriften, Redaktionen und allem, was das bedeuten kann, nichts zu tun. Und ehrlich gesagt auch keine Ahnung. Nach einer Sitzung wusste ich es dann wirklich: Ich habe nicht den Hauch eines Schimmers, was ich hier tun soll! Aber ich fand den Jugendreferenten toll, und wenn der mich schon fragt, ob ich mit ihm … da wollte ich dabei sein. Und wenn *er* meint, ich könnte dazu was beitragen …

Das Dumme war: Ich konnte nichts beitragen. Zumindest in meinen Augen. Wir saßen zu fünft oder sechst in seinem Wohnzimmer und überlegten, was wohl die Themen sein könnten und wer welchen Artikel schreiben will. Oder wem welcher Autor einfällt, den man für einen Artikel anfragen kann. Alle hatten immer gute Ideen. Viele Ideen. Nur ich saß schweigend da, krampfhaft überlegend, ob ich nicht auch jemanden kenne, der jemanden kennt …

Ein Thema war „Tod": „Welche guten Bücher habt ihr denn zum Thema gelesen?" Äh … Ich war schon so verzweifelt, weil ich seit Monaten keinen sinnvollen Beitrag beisteuern konnte, dass ich das einzige Buch nannte, das mir zu dem Thema einfiel: *Tote können nicht sterben* (von Major Ian Thomas). Dumm war halt nur, dass im Titel das Wort „Tote" zwar vorkommt, es aber mit dem gesuchten Thema nix zu tun hatte. Das ist mir dann auch sofort eingefallen … worden ☺.

Bei den nächsten Sitzungen konnte ich dann nicht mehr, da waren halt „wichtige Termine", und irgendwann bin ich ausgestiegen. Dabei würde ich heute sagen: Der Mitarbeiter hatte gar keinen so schlechten Riecher. Ich kann schreiben (äh, jetzt sagst du hoffentlich nicht das Gegenteil, nachdem du hier schon kapitellang mein Geschreibsel liest … ☺) und ich kann ein bisschen redaktionell arbeiten. Aber es war ihm nicht gelungen, mich in das Team zu integrieren und mir zu zeigen, welchen Beitrag ich für das Team hatte, auch wenn mir kein Buch einfiel und kein Autor, der einen Artikel verfassen könnte. Meine Rolle wurde mir nicht klar.

Gerade wenn du Mitarbeiter *fördern* willst, wenn du also davon ausgehst, dass der Hauptnutzen des Mitarbeiters erst später sichtbar wird, dann musst du diesen Mitarbeiter auf dem Weg dahin ermutigen. Sonst wird er nie dort ankommen.

 *Genieße dein Team. Suche es. Liebe es. Baue es auf. Pflege es. Damit euer Team einen gemeinsamen Herzschlag bekommt. Ihr braucht euch.*

TEIL 3

Das

herz

der Jugendlichen

Jesus lieben – ihm nachfolgen

9

Große Katastrophe! –
Jesus und deine Jugendlichen

In diesem Teil kommen wir nun endlich zu deinen Jugendlichen selbst. Wie steht es um ihr Herz? In Kapitel 2 haben wir gesehen, dass das Allerwichtigste im Leben (das „Höchste Gebot") ist, Gott zu lieben und seinen Nächsten wie sich selbst. Das gilt nicht nur für uns, sondern auch für sie. An dieser Aussage will ich mich in den folgenden Kapiteln entlanghangeln. Deine Jugendlichen lieben Jesus – sich selbst – ihre Nächsten (ihre Freunde, Menschen in Not, die Gemeinde). Das ist das Ziel!

Jesus über alles?

Dass wir als Christen Jesus lieben, klingt so offensichtlich, dass ich ein bisschen die Befürchtung habe, dass wir die Tiefe, Größe, Schwere und Macht dieses Gedankens übersehen. Also Achtung: Meine Beobachtung ist, dass 95 % aller Jugendlichen, die wir in unseren Kirchen und Freikirchen „produzieren", Jesus eben *nicht* über alles lieben. Vermutlich wissen sie noch nicht einmal, was das genau heißt.

Dabei reden wir hier vom Zentrum des Christseins. Es gibt absolut keine andere Definition von Christsein, die in ihrer Wichtigkeit und Richtigkeit an diese herankommt: *Christsein heißt Jesus lieben.* Jesus sagt, dass darin alles Gesetz, alle Propheten, alles, was Gott uns sagen will, zusammengefasst ist. Gott lieben, das ist das Ein und Alles. Das Fundament des Christseins. Der Anfang und das Ende des persönlichen Glaubens. Der Boden der Nachfolge. Der Anker im Leben. Alles.

 *Jesus von Herzen zu lieben ist das Ein und Alles des Christseins. Darum sollte es auch das Ein und Alles unserer Jugendarbeit sein!*

Ist es aber nicht. Wir beschäftigen uns in der Jugendarbeit mit allen möglichen Fragen, die interessant sind oder auch nicht so. Kulturrelevant oder auch nicht. Total angesagt, postmodern, emergent, der letzte Schrei, das Nonplusultra ... oder auch gerade nicht. Aber über den Grund, warum wir uns überhaupt treffen, sprechen wir nicht so viel. Was es heißt, Jesus zu lieben, wie man das lebt, wie man die Kämpfe gewinnt, die damit verbunden sind, darüber reden wir wenig. Oder nicht konkret genug.

Wenn deine Jugendlichen nach ihrer Karriere in eurer Gemeinde und in deiner Jugendgruppe nicht sagen können: „Jesus ist das Größte, was es in meinem Leben gibt. Ich liebe nichts mehr als ihn" und wenn ihr Leben nicht zeigt, dass das ihre Realität ist, dann darf man fragen, ob deine Jugendarbeit das richtige Ziel verfolgt.

Aber fast keiner tut es. So wirklich. Und das ist nicht nur traurig – das ist eine Katastrophe! Wenn ich darüber länger nachdenke, dann bringt mich das um meinen Schlaf. Ich frage mich, ob wir wissen, was auf dem Spiel steht! Wir werden lau. Wir werden oberflächlich. Wir werden angepasst religiös. Wir bauen eine Religion. Wir richten uns ein. Wir träumen nicht mehr groß. Wir werden unglaubwürdig, weil die Kraft Gottes nur selten durchbricht. Wir tauschen die Realität des ewigen, herrlichen, allmächtigen Sohnes Gottes ein gegen eine Karikatur eines kuscheligen, niedlichen, uns immer anlächelnden Jesus. Mit dramatischen Konsequenzen.

Es geht bei allem, was wir Reich Gottes nennen, nur um Jesus. Wirklich. Es geht gar nicht um dich. Oder um die Jugendarbeit und die Gemeinde. Oder um nichts. Es geht nur um Jesus. Er ist das Zentrum, der Grund, der Anfang und das Ende. Gemeinde ist seine Idee. Reich Gottes ist seine Strategie. Eine Möglichkeit dabei ist Jugendarbeit.

Es muss also unser Ziel sein, unsere Jugendlichen dazu zu befähigen, Jesus mit ihrem Leben zu lieben. Das fängt im Herzen an und zeigt sich automatisch im Reden und Handeln. Und Achtung, hier ist die Falle: Es fängt im Herzen an, nicht in den Taten! Es fängt innen an. Nicht in den äußeren Dingen, die man halt so tut und nicht tut, um fromm auszusehen.

Also wie geht das und wie merkt man das? Und was ist das Gegenteil davon? Vermutlich werden die wenigsten deiner Jugendlichen in der Versuchung stehen, Jesus zu hassen. Wahrscheinlich würden die meisten von ihnen nicht einmal auf die Idee kommen, ihn irgendwie abzulehnen oder schlechtzumachen. Oder ihn zu ignorieren. Die meisten werden ihn mögen. Ihn gut finden.

Ja, wir mögen Jesus. Wir finden ihn gut. Aber das macht ihn nicht zu unserem Herrn, sondern zu so etwas wie unseren „Kumpel Jesus". Das verschafft uns ein Problem …

 *Das Problem bei Jesus ist: Er möchte unbedingt die Nr. 1 in unserem Leben sein. Er will keine Fans bei Facebook. Er will der Herr im Leben sein.*

Es reicht Jesus nicht, wenn er die Nr. 2 ist oder als eines von vielem im Leben gut gefunden wird. Er will unsere ungeteilte Liebe. Die Herausforderung für uns alle – also auch für unsere Jugendlichen – ist nicht so sehr, dass wir Jesus nicht mögen, sondern dass nichts im Leben wichtiger wird als er. Das geht schnell. Unsere Kultur schreit förmlich danach, uns mit allen möglichen Dingen von Jesus abzulenken. Und unser Herz lässt sich nur allzu leicht ablenken. Wer nicht fest entschlossen ist, nichts im Leben mehr zu lieben als Jesus, und das nie eingeübt hat, der wird es schwer haben.

In der Jugendarbeit kann man das am besten üben. Dort kann man das lernen … dort *könnte* man es lernen. Nur lernen es die meisten von uns dort nicht. Ich befürchte sogar, dass die meisten Gemeinden und Jugendgruppen einen ziemlich guten Job darin machen, ihre Jugendlichen davon abzuhalten, Jesus radikal, ganzheitlich und von Herzen zu lieben.

Ich lehne mich jetzt mal aus dem Fenster und haue auf den Putz. Aber ich schreibe hier in dem Bewusstsein, dass auch ich Teil des Problems bin. Ich sage das mit dem demütigen Wissen, dass ich ein Teil des Systems bin und auch Schuld auf mich geladen habe und lade. Wir hatten und haben ja die besten Absichten. Wir haben den echten Wunsch, Jugendliche zu geistlich starken Persönlichkeiten zu machen. Aber ich glaube, wir haben vergessen, wie das geht. Unsere Strategien funktionieren nicht. Oder nur noch selten. Wir haben uns ablenken lassen vom Eigentlichen. Wahrscheinlich sind wir selbst nicht mehr bereit, Jesus von ganzem Herzen die Nr. 1 in unserem Leben sein zu lassen. Und wenn wir das selbst nicht tun – wie sollen es dann unsere Jugendlichen lernen?

Unser falsches Jesus-Bild

Warum fällt uns das so schwer? Was ist unser Kernproblem? Ich glaube, die Antwort ist einfacher, als man meint. Und grundlegender, als uns lieb ist: Wir haben ein falsches Bild von Gott. Wir haben ein falsches Bild von Jesus. Wir lesen die Bibel zu selektiv. Wir lassen uns von unserer Kultur einreden, welcher Jesus funktioniert und welcher nicht. Wir verbiegen das Bild von Jesus, bis es uns gefällt. Aber Gott lässt sich nicht verbiegen. Er bleibt „derselbe in Ewigkeit" – also auch heute. Und ein falsches Bild von Gott führt immer zu einem falschen Leben. Immer.

Woran merke ich denn, ob ich Jesus liebe? Jesus gibt uns einen guten Anhaltspunkt: „Wer mich liebt, hält meine Gebote."[9] Anders gesagt: Wer mich liebt, tut, was ich ihm sage. Der will meinen Willen tun. Der fragt immer nach meiner Idee dahinter. Wer mich liebt, gehorcht mir – sogar wenn er mich nicht versteht.

Wollen wir das wirklich? Oberflächlich würden wir natürlich alle „Ja!" und „Halleluja" schreien. Aber „oberflächlich" steht uns nicht so gut. Und dann wird es plötzlich ernst. Denn der Jesus des Neuen Testaments, der echte Jesus, der ist durchaus in der Lage, äußerst unbequeme Forderungen zu stellen. Und er ist nicht nur in der Lage dazu, er hat das auch ziemlich oft getan. Ein Beispiel gefällig?

Die krasse Geschichte vom „Reichen Jüngling"

Am krassesten finde ich die Geschichte vom „Reichen Jüngling", der uns in Markus 10 begegnet.[10] Da ist dieser reiche, offensichtlich sehr sympathische, erfolgreiche und geistlich interessierte junge Mann. Er rennt geradezu auf Jesus zu und nennt ihn direkt „guter Meister". Wenn meine Jugendlichen schon so weit wären, wäre ich ein glücklicher Mensch! Und würde er so in meine Gemeinde kommen – wir würden uns freuen und ihm helfen, Jesus kennenzulernen und in der Gemeinde Fuß zu fassen. Erst mal eine Bibel schenken, Alpha-Kurs empfehlen, Kleingruppe vermitteln, zum Essen einladen – das volle Programm. Wir würden ihn einladen, sich auf Jesus einzulassen, und es würde ihm bestimmt gefallen.

Bei Jesus läuft die Geschichte allerdings ein bisschen anders. Offensichtlich hat er eine ganz andere Strategie. Er stellt ihn sofort vor eine ziemlich unbequeme Entscheidung: „Verkaufe alles, was du hast, gib es den Armen – und dann komm, folge mir."

Wie bitte, Jesus? Hey, das ist doch nicht dein Ernst! Jetzt lass ihn dich doch erst einmal kennenlernen. Oder lass ihn erst mal mit dir und deiner Kleingruppe, den Jüngern, unterwegs sein. Dann wird er bestimmt merken, wie es ist, mit dir zu leben. Und dann lass ihn doch langsam wachsen. Schritt für Schritt. Und Jesus, es geht dir doch nicht ums Geld! Lass ihn doch erst mal sehen, was du so machst. Die guten sozialen Projekte. Vielleicht gibt er ja jedes Jahr ein bisschen mehr. Musst du das direkt von Anfang an so radikal fordern? So hohe Hürden aufbauen? Das kann man doch von niemandem verlangen! Wenn wir so mit am Glauben Interessierten reden würden, wären wir schnell wieder unter uns.

Die Jünger kriegen genauso die Krise: Jesus, was soll das? Wenn das so ist, wer soll es dann überhaupt noch schaffen mit der Nachfolge und dem Himmel? Wer soll das überhaupt hinkriegen? Können wir das Einstiegslevel nicht ein wenig herunterschrauben? Es leichter machen?

Jesus macht das nicht. Er lässt ihn wieder gehen. Jesus ist traurig – aber er lässt ihn gehen. Er ruft ihm auch nicht hinterher. Er überredet ihn nicht. Im Gegenteil. Jesus macht das immer wieder so.

Die krasse Geschichte von den drei Jungs, die Jesus folgen wollen

Da sind drei andere Jungs, die Jesus offensichtlich toll finden und mit ihm ziehen wollen. Nachzulesen in Lukas 9.[11] Drei Jungs, die Jesus gut finden – das ist doch der Hammer, oder? Schließlich haben wir in unseren Gemeinden ein Männerproblem. Und ja: Sie wollen ihm folgen. Und Jesus freut sich bestimmt und lädt sie ein, oder?

Der eine sagt es ganz offen: „Ich will dir folgen, wohin immer du gehst." Halleluja! Was für ein Glaubensbekenntnis. Und Jesus? Lächelt der jetzt und freut sich? Umarmt er ihn und sagt: „Willkommen in meinem Team"? Ich würde das vermutlich tun. Nein, Jesus sagt: „Vögel haben Nester und Füchse haben ihre Höhlen. Ich habe nichts, wo ich mein Haupt hinlege. Ich habe kein Zuhause." Damit will er sagen: „Es kann also sein, dass du auch keins hast. Kein Zuhause mehr findest. Dass es dir deutlich schlechter geht als jetzt. Also überlegs dir!"

Ist das schlau, Jesus? Wäre es nicht besser, ihn erst einmal mit dir losziehen zu lassen? Wenn er mit dir und den Jüngern am Lagerfeuer ein paar Hillsong-Klassiker geschmettert hat, dann fällt es ihm sicher leichter, seine Heimat für dich aufzugeben. Unsere Jugendlichen sagen das auch: „Jesus, ich will dir folgen, wohin immer du gehst." Sie singen das sogar. Mit Liedern von Jesus Culture, Hillsong und der Outbreak Band. Und wir freuen uns. Das ist doch ein Anfang. Jetzt sollen sie langsam entdecken, was Nachfolge bedeutet. Bloß nicht zu schnell abschrecken. Jesus freut sich ja. Er möchte sie ja beschenken. Ihnen immer helfen. Ihnen Gutes tun. Echt? Da ist der zweite Typ. Zu dem sagt Jesus: „Komm und folge mir nach." Und der will das. Er kommt gewissermaßen nach vorne, zum Kreuz, und nimmt die Einladung an. Da ist nur noch eine kleine Sache: Sein Vater ist gestorben und er möchte ihn noch beerdigen. Hallo? Das ist doch selbstverständlich! Das ist doch super. Voller Einsatz. Und außerdem: Das ist Familie. Gott sagt ja auch, dass Familie wichtig ist und so.

Und Jesus? Er sagt: „Lass die Toten ihre Toten begraben. Du geh und verkünde die Botschaft vom Reich Gottes." Was? Jetzt mal langsam. Das kann jetzt nun wirklich nicht sein Ernst sein! Aber Jesus zieht das durch: „Wenn du nicht bereit bist, deine Familie aufzugeben, sie hinter dir zu lassen, dann wird das nix mit der Nachfolge." O Mann, Jesus! Das können wir doch so unseren Jugendlichen nicht erzählen. Das wäre ja voll kontraproduktiv. Klar stimmt es, irgendwie. Aber lass sie das doch später entdecken!

Und dann gibt es noch den dritten Kerl. Er will Jesus folgen. Er will niemanden begraben, wo sein Haupt liegt, ist ihm auch egal. Er will nur noch schnell Tschüss sagen. Glück gehabt! Sich zu verabschieden ist doch selbstverständlich, meine ich. Das sollte also kein Problem sein. Doch auch hier schafft Jesus ein Problem, wo keins sein müsste: „Wer seine Hand an den Pflug legt und zurücksieht, der ist unbrauchbar für das Reich Gottes." Och nee! Jesus, jetzt übertreib doch nicht. Der Kerl will doch nur Tschüss sagen. Seine Mama noch mal drücken. Dann ist er ganz bei dir!

Ach Jesus, warum so extrem?

Jesus, warum bist du so knallhart? Warum bist du so direkt? Warum bist du so ... ehrlich? So undiplomatisch aufrichtig? Und warum sind wir es nicht?

Wenn wir Geschichten wie diese von Jesus lesen, dann wird eine Frage auf einmal sehr zentral: Bin ich wirklich bereit, alles anzunehmen, was Jesus sagt? Oder rede ich mir das schön? Verharmlose ich das lieber? „Also, das kann Jesus so ja nicht gemeint haben. In Wirklichkeit wollte er natürlich was ganz anderes sagen ..."

 *So bauen wir uns unseren Jesus selbst. Der uns besser gefällt. Der aber leider tot ist – denn nur der echte Jesus lebt.*

Bin ich wirklich bereit, ihm zu folgen? Ihm zu gehorchen? Vertraue ich ihm, auch wenn es wehtut? Jesus hat nie, nie, nie (nie, nie ...) verheimlicht, dass Nachfolge einen hohen Preis hat. Dass sie nicht nur *etwas* kostet, sondern alles. Nachfolgen heißt, sich selbst zu verleugnen. Nachfolgen heißt, sein Leben zu verlieren. Nachfolgen ist eine Entscheidung von ganz oder gar nicht.

Glaubst du, deine Jugendlichen wissen das? Leben deine frommen Kids das? Die meisten, die ich kenne, sind weit davon entfernt. Aber es hat ihnen auch keiner gesagt. Es hat ihnen keiner vorgelebt. Sie haben immer gehört: „Wenn du Gott nachfolgst, wird er dir immer helfen. Wenn du Jesus in dein Leben lässt, wird es dir besser gehen. Wenn du mit Jesus lebst, wird er deine Probleme lösen. Wenn du Jesus als Herrn hast, wird dein Leben Erfolg haben." Und da ist ja auch immer was Wahres dran. Es ist ja nicht ganz falsch. Aber es ist nicht die ganze Wahrheit. Es ist halb richtig. Und halb richtig bleibt falsch.

Bernd ist vor ein paar Jahren zum Glauben gekommen. Er hat tolle Eltern, die Jesus lieben. Aber aus verschiedenen Gründen hat er sich früh bewusst gegen Kirche, Gemeinde und Christsein entschieden. Und das hat er dann auch konsequent gelebt. Aber Gott ist ihm nachgegangen. Gott hatte einen super Plan, wie er das Herz von Bernd zurückerobern kann: Bernd wollte snowboarden, mit seinen Kumpels vom Fußballverein. Und da es keine günstigere Möglichkeit gab, Spaß auf dem Board zu haben, als die Freizeit unserer Jugendgruppe, wollten sie alle mitfahren. Klar, da würden sie sich einen Spaß draus machen! Das fromme Programm kann man sicher umgehen oder stören. Hauptsache boarden.

Dummerweise sagten dann alle seine Freunde aus verschiedenen Gründen wieder ab und so fuhr Bernd ohne kumpelhafte Verstärkung mit. Und hatte zum ersten Mal die Chance, bei den Bibelarbeiten abends zuzuhören. Ohne sich darüber lustig machen zu müssen. Er war distanziert, aber er hat sich das mal angetan. Und Gott hat diese Chance genutzt. (Er hat sie ja auch vorbereitet ...) Auf dieser Freizeit ist er Bernd begegnet. Und Bernd hat sich auf ihn eingelassen. Bernd hat kapiert: „Gott ist Gott, ich kann mich ihm nicht entziehen. Gott ist nicht ein Lebensverbesserer, Gott ist kein Bonus für das Leben, das ich sowieso leben will. Gott ist der Herr. Er liebt mich. Er sucht mich. Und er will von nun an mein Leben bestimmen." Bernd hat kapituliert. Vor dem Gott, vor dem er so lange weggelaufen ist. Er schenkt Gott sein Herz.

Sein Herz hat sich verändert. Und nun, anderthalb Jahre später, trifft er seine Traumfrau. Auf einer anderen Freizeit. Er weiß: Sie ist es. Er verliebt sich und sie auch. Und ja – sie würden bestimmt gut zueinanderpassen. Sie kommt auch aus einer tollen Familie. Eltern, die Jesus lieben. Sie weiß viel von Gott. Von Jesus. Aber sie kann das nicht. Will das nicht. Liebt Jesus nicht. Bernd fragt sich, was er jetzt tun soll. Sie lieben sich doch! Wenn er dich fragen würde – was würdest du ihm sagen? Was würde Jesus ihm wohl sagen?

Ich erinnere mich noch sehr lebhaft an diesen Kleingruppenabend. Neun Jungs in meinem Wohnzimmer. Das eigentliche Thema des Abends weiß ich gar nicht mehr. Aber wenn die Schokolade weggeputzt und der Eistee fast leer getrunken ist, kommen wir immer auf die Themen, die wirklich brennen. An dem Abend sprachen wir über Beziehungen zwischen Christen und Nichtchristen. Nach einer interessanten theoretischen Diskussion fängt Bernd an zu reden. Er erzählt, wie es ihm geht, und jeder, der schon einmal verliebt war, kann sich ausmalen, was in ihm vorgeht. Und da sie ihn auch liebt, ist doch alles klar, oder?

„Wisst ihr – für mich ist es eine Frage des Vertrauens." Er hat Tränen in den Augen. „Vertraue ich Gott, dass das, was er sagt, gut ist? Vertraue ich ihm, auch wenn alles in mir anders fühlt? Was anderes will? Vertraue ich ihm, dass er weiß, was gut für mich ist? Vertraue ich ihm, dass er mir eine gute Frau schenken wird? Vertraue ich ihm, wenn es wehtut?"

Vertrauen zeigt sich immer erst dann, wenn es schwer wird. Wenn ich eigentlich was anderes will. Liebe zeigt sich immer erst dann, wenn es wehtut. Wenn es etwas kostet. Wenn es schwer wird. Bernd hat mir die Tränen in die Augen getrieben. Ich war glücklich, dass sein Herz Jesus gehört. Und das Happy End ist: Inzwischen haben sie geheiratet! Zwei Jahre später hat seine große Liebe zu Jesus gefunden. Von ganzem Herzen. Gott ist gut.

Natürlich ist es schwer. Natürlich kostet es viel. Es kostet sogar alles. Aber ist Jesus das nicht wert? Trauen wir uns, unseren Jugendlichen zu sagen, dass Jesus das wert ist? Glaubt das überhaupt noch jemand?

Es hängt von dem Bild ab, das wir von Jesus haben. Wie groß ist Gott für dich? Wie herrlich? Wie schön? Wie heilig?

10

Weil er es wert ist! –
Deine Jugendlichen lieben Jesus

Lieben deine Jugendlichen Jesus? Hilfst du ihnen dabei, das zu tun? – Das ist also die große Aufgabe. Die entscheidende Frage, die wir dabei immer wieder beantworten müssen, lautet:

Ist Jesus es wert?

Das ist die entscheidende Frage, die wir immer wieder beantworten müssen: Ist dein Jesus groß genug? Ist dein Jesus kostbar genug? Ist dein Jesus schön genug? Ist er genug – sodass du alles andere hintenanstellen kannst?

Andersherum gefragt: Wie könnte er es nicht sein? Wie könnte Gott selbst nicht genügen? Nicht alles wert sein? Diese Frage habe ich mir oft gestellt. Und wenn ich versuche, sachlich eine Antwort zu finden, dann finde ich keine. Aber ich habe ein paar Ideen, Vermutungen. Lass uns die doch mal gemeinsam ansehen, vielleicht finden wir für uns eine Antwort.

Ich bin vollkommen davon überzeugt, dass ich gar nicht anders kann, als Jesus mit ganzem Herzen zu lieben und ihm alles zu geben, wenn ich ihm wirklich begegnet bin. Wenn ich weiß, wie schön, herrlich, mächtig und wunderbar Jesus ist, dann kann ich seiner liebenden Macht nicht widerstehen. Darum glaube ich, dass wir Jesus nicht wirklich kennen. Das ist unser Problem. Wir haben uns einen falschen Jesus gebaut, der zu klein ist. Er ist weder heilig noch herrlich noch der Gott, den wir brauchen.

Ich spreche davon, dass wir lieber einen bequemen Jesus haben möchten als einen, der uns in unbequemen Lagen begleitet und tröstet. Dass wir einen Gott wollen, der uns in Frieden lässt, anstatt in einer unsicheren und kaputten Welt Frieden zu stiften und Frieden zu schenken. Dass wir keinen Gott wollen, der eine Zuflucht in echter Not ist, sondern der uns vor jeder Not bewahrt oder uns möglichst schnell wieder herausholt. Und wenn das alles nicht geht, dann suchen wir lieber Zuflucht *vor* Gott statt *bei* ihm. Das ist unser Jesus.

Aber der ist zu klein. Zu harmlos. Wenn mein Jesus zu klein ist, kann ich ihn nicht lieben. Wenn mein Jesus zu klein ist, werde ich ihm mein Leben nicht anvertrauen. Aber wir mögen ihn, unseren kleinen Gott. Wir mögen es, dass dieser Gott so risikofrei ist. Dass er uns immer versteht. Dass er alles milde lächelnd durchgehen lässt. Er ist der Lieblingsgott unserer Generation. Ihn können wir mit unserem begrenzten Denken gut verstehen. Er vergibt uns unsere Schuld nicht, er macht sie annehmbar, akzeptabel. Es ist alles halb so wild. Wir wollen mal nicht übertreiben. Wir sind doch alle kleine Sünderlein. Gott versteht das.

Vor ein paar Tagen hat meine Frau mich gebeten, ihr ein Buch zu bestellen. *Radical*, von David Platt.[12] Und weil ich immer mache, was meine Frau mir sagt ☺, habe ich ihr das Buch sofort bestellt. Und da ich es nicht aushalte, Bücher im Haus zu haben, die ich nicht selbst gelesen habe (vor allem wenn meine Frau sagt, das Buch sei gut), habe ich selbst mal ein bisschen drin geblättert. Bisher habe ich nur kurz reingelesen – und bin schon begeistert. Von meiner Frau, dass sie so gute Bücher haben will, und von dem Buch. Denn David Platt bringt das, was ich hier gerade versuche auszudrücken, wunderbar auf den Punkt. Laut David Platt geht es im Grunde darum, wie wir zwei Fragen beantworten:

1. Bin ich bereit, das, was Jesus sagt, zu glauben?
2. Bin ich bereit, dem, was Jesus sagt, zu gehorchen?

Bin ich wirklich bereit, Jesus zu glauben? Zu glauben, dass er das, was er sagt, auch so meint? Wenn du als Jugendmitarbeiter an dieser Stelle nicht sicher bist, hast du schon das erste Problem. Dann fängst du nämlich an, Jesus zu verkleinern. Und diesen Jesus, unseren eigenen, den vermittelst du dann deinen Jugendlichen. Dumm nur, dass die Fälschung mit dem Original nie mithalten kann. Und dass wir bei einem falschen Jesus nie das finden, was der echte Jesus uns versprochen hat: Ströme des lebendigen

Wassers. Tiefen Frieden. Ein Wissen, bei Gott zu Hause zu sein. Kraft für alle Kämpfe des Lebens. Glück, das unabhängig ist von äußeren Umständen. Die Gewissheit: Gott ist da! Er hat alles unter Kontrolle.

Und da wir das selbst nicht mehr erleben, glauben wir es auch nicht. Wir fangen an, uns zu fragen, ob das alles auch so gemeint war. Oder gilt das nur für spezielle Christen? Wir richten uns auf einem niedrigeren Level gemütlich ein. Wie sieht das praktisch aus?

Unser Kuschel-Jesus

Wir reduzieren Jesus darauf, immer freundlich zu sein, immer zu lieben, zu warten, mit offenen Armen dazustehen, verschmitzt zu lächeln, alles zu vergeben und immer Verständnis zu haben. Wir bitten unsere Jugendlichen, diesem Jesus doch eine Chance zu geben. Er freut sich doch, wenn wir es mit ihm versuchen. Er wartet ja auch schon so lange auf uns.

Wir versprechen unseren Jugendlichen, dass es sich für sie auf jeden Fall lohnt, wenn sie Jesus in ihr Leben aufnehmen. Ja, Gott wird sie mit Wohlgefühl überschütten und ihnen jeden Wunsch von den Lippen ablesen.

Dann sagen wir Sachen wie: „Jesus liebt alle Menschen, egal was sie tun" oder „Jesus liebt den Sünder, aber hasst die Sünde".

Wie bitte? Woher haben wir das? Wer hat das erfunden? Seit wann glauben wir das? Seit wann kann man das eine vom anderen trennen?

In meiner Bibel klingt das anders. In Psalm 5,5-7 lese ich, dass Gott Mörder und Betrüger verabscheut. Dass Gott Menschen, die lügen, ins Verderben laufen lässt. Dass stolze Menschen ihm nicht unter die Augen treten dürfen. Er hasst die, die Böses tun. Er straft Menschen. Er tötet Menschen, die sündigen. Allein in den ersten 50 Psalmen der Bibel finden wir 14 verschiedene Stellen, in denen wir lesen, dass Gott Sünder hasst und sie straft. Die ganze Bibel zeugt davon, wie Gott wegen seiner Heiligkeit und Reinheit, Herrlichkeit und Größe Sünde bestraft. Sünder bestraft. Der Zorn Gottes liegt auf uns Menschen. Und das ist nicht nur Altes Testament. Glauben wir das noch? Oder ist das nicht mehr up to date im 21. Jahrhundert, wo wir doch so cool, aufgeklärt, lebendig, intellektuell und stolz sind?

Aber wir können noch schlimmer: Heute glauben wir ja nicht einmal mehr, dass Gott die Sünde hasst. Nein, er hasst allerhöchstens noch ihre Konsequenzen. Die Tatsache also, dass sie uns schadet. Zumindest da, wo wir noch merken, dass sie uns schadet. Er will ja unser Freund sein und uns helfen. Und gute Freunde lassen sich ja Freiheit. Und wenn du glaubst, dass das okay für dich ist, außerhalb der Ehe Sex zu haben, dann wird Jesus da nichts gegen sagen. Aber wenn du dann weinst und traurig bist, dann ist er für dich da. Echt. Mit offenen Armen und so.

Hey, stopp: Diesem Jesus will ich auch nicht folgen! Aber diesen Jesus gibt es auch nicht. Nicht in der Bibel.

Damit mich hier keiner falsch versteht: Es gibt nichts und niemanden in dieser Welt (und außerhalb), der mehr liebt als Gott. Und natürlich liebt Gott alle Menschen. Und er liebt auch die Sünder, denn andere Menschen gibt es ja nicht. Es gibt niemanden im Universum, der dich und mich mehr liebt. Wäre das nicht wahr, wäre jedes weitere Wort sinnlos.

Aber es ist nicht die ganze Wahrheit. Seine Liebe ist nicht mit unserer Vorstellung von Liebe zu verwechseln. Sie ist größer. Reiner. Echter. Klarer. Und sie dringt nicht zu allen Menschen durch. Denn es gibt ein Problem und das heißt „Sünde". Und Gott hasst dieses Problem. Diese Sünde lässt sich vom Sünder nicht so leicht trennen, wie wir uns das zurechtlegen.

„Gott ist die Liebe", sagt uns Johannes in seinem Evangelium. Alles, was uns in dieser Welt auch nur ein bisschen liebevoll begegnet, ist ein Schatten dieser ultimativen Liebe Gottes. Johannes versteht es in seinem Evangelium wunderbar, uns die Schönheit und Größe der Liebe Gottes vor Augen zu malen. Auch der vermutlich meistzitierte Vers der Bibel stammt von ihm und drückt diese Liebe aus: Johannes 3,16. Wenn du nur einen Bibelvers auswendig kannst, ist es vermutlich dieser.

O ja, Gott hat diese Welt wirklich so sehr geliebt, dass er seinen Sohn gab, damit alle, die an ihn glauben, gerettet werden. Nur vor was gerettet? Vor wem? Vor der bösen Welt? Vor der Traurigkeit und den Kämpfen des Lebens? Vor uns selbst und den bösen Gedanken, die uns verdammen und uns das Leben schwer machen? Vor dem Teufel und seinen bösen Mächten?

Jesus rettet – aber wen, von was?

Johannes sagt uns, vor was und vor wem Jesus uns rettet: vor Gott!

Du brauchst Rettung. Deine Jugendlichen brauchen Rettung. Nicht vor der Hölle und dem Teufel. Nicht vor uns selbst. Vor Gott. Er ist der Richter, der Menschen in die Hölle schickt. Er ist der Heilige, der Sünder bestraft. Er hasst nicht nur die Sünde, er richtet den Sünder. Vor diesem heiligen, zornigen Gott brauchen wir Rettung! Johannes verschweigt das nicht; im selben Kapitel lesen wir in Vers 36:

> *Wer an den Sohn glaubt, hat das ewige Leben. Wer dem Sohn nicht gehorcht, wird das Leben nicht sehen; der Zorn Gottes bleibt auf ihm.*

Ohne Rettung vor Gott bleibt sein Zorn auf uns. Wissen deine Jugendlichen, dass der Zorn Gottes auf ihnen liegt, wenn sie ohne Jesus zu Gott kommen? Oder denken sie, die liebenden Augen eines desinteressierten Kuschelgottes ruhen auf ihnen, die nur darauf warten, dass wir uns ihm zuwenden? Und wenn wir das nicht wollen, ist das auch nicht so schlimm?

 *Gott ist zornig. Nicht wie wir Menschen wütend werden; Gott ist heilig und rein, er muss Sünde hassen und wird richten. Ohne Jesus gibt es keinen, der seinem Zorn entrinnt. Nicht weil Gott ungerecht ist, sondern weil er gerecht ist. Darum brauchen wir Jesus. Darum haben wir ohne ihn keine Chance.*

Das verändert die Perspektive. Gott ist nicht der, der allen Menschen immer wohlgesonnen ist und uns als Plus noch durch Jesus einen Freund schenken will, um unser nettes Leben noch zu verschönern. Er ist unsere einzige Hoffnung! Wir brauchen Jesus dringend. Wir haben ohne ihn keine Chance. Er ist die Rettung. Er will uns erlösen. Dazu ruft er uns. Das ist sein Angebot. Und dazu, sagt er, muss er unser Herr werden.

Und es stimmt: *Das* ist wirklich das Beste, was uns passieren kann. In der Ewigkeit – und hier auf der Erde. Das verändert alles. Das ändert das ganze Spiel. Und das merkt man, das sieht man, das erlebt man, das spürt man. Aber weil wir das in der Tiefe nicht mehr so ganz glauben, spürt man auch so wenig von der Kraft Gottes.

Das Problem unserer Kultur ist: Wir denken, wir wären schon gut. Wir brauchen Gott nur, damit wir noch besser werden. Damit die Härten des Lebens abgemildert werden. Damit es uns besser geht. Damit Gott uns hilft, unsere Wünsche und Ziele zu erreichen. Das ist aber gar nicht Gottes Absicht, denn er weiß, dass unsere Ideen und Wünsche uns nicht weiterhelfen.

Darum hat er eine bessere Idee: Er will uns neu machen. Komplett. Ein neues Herz schenken. Er will, dass wir ihn lieben. Dass unser Herz ihn sucht, ihn anbetet, ihn liebt. Ohne ihn, ohne sein Eingreifen können wir das nicht. Ohne ihn *wollen* wir das nicht einmal.

Dabei müssen wir natürlich aufpassen, dass wir nicht in ein anderes, genauso schädliches Missverständnis verfallen:

Gott ist nicht gerne zornig. Er will uns nicht vernichten und strafen. Er ergötzt sich nicht am Zorn oder am Leiden der Menschen. Er ist die Liebe, er sucht seine Kinder. Gott der Vater ist es ja, der aus Liebe seinen Sohn gesandt hat.

Es ist also nicht so, dass Jesus seinen Vater überreden muss, doch bitte gnädig zu sein. Jesus musste nicht verzweifelt einen Weg suchen, wie er uns vor dem Vater retten könnte. Der Vater selbst wollte es. Er liebt uns genauso, wie Jesus uns liebt. Gott ist eins. Ein Gott, drei Personen. Und wenn wir in Christus gerettet sind, dann können wir ohne Angst und Scheu zum Vater kommen. Immer. Ohne Kompromisse. Und ohne das Gefühl, nicht würdig genug zu sein. Christus hat uns würdig gemacht.

Gott ist die Liebe. Er sucht die Sünder. Am Kreuz hat er die Sünde besiegt. Und nicht nur das, er ist stellvertretend für uns gestorben und hat unsere Strafe auf sich genommen. Er ist unser Retter. Unser Glück.

Aber das verstehen wir nicht, wenn wir nicht die Tiefe unseres Dilemmas verstanden haben. Wir verstehen das Kreuz nicht, wenn wir Gottes Heiligkeit nicht verstanden haben. Wenn wir die Schwere der Sünde nicht erfasst haben. Wenn wir übersehen, wie verloren wir tatsächlich sind. Erst wenn das in uns lebendig wird, wächst die Liebe zu Jesus. Wenn die Sünde nicht bitter wird, wird Jesus uns nicht süß.

Das ist das Evangelium. Gott ist heilig und gerecht. Wir sind Sünder und verdienen den Tod. Jesus befreit uns von unserer Sünde, sodass wir einen Zugang zu Gott finden. Gott wird unser Vater. Wir dürfen so werden wie er. Wenn wir sehen, wie schlimm unser Zustand ist, entdecken wir die Größe der Liebe Jesu. Und wenn wir diese entdecken, wird unsere Liebe zu ihm entzündet. Jesus lieben? Wie könnten wir nicht! Wenn wir das zum Zentrum unserer Arbeit machen, wird sich alles verändern.

Die Hauptkonkurrenten um die Liebe zu Jesus

Im Grunde genommen ist es ein Kampf zwischen Gott und Götzen. Lieben wir Jesus, den Sohn Gottes? Oder lieben wir andere Dinge? Diese anderen Dinge sind zum Großteil wahrscheinlich gar nicht an sich schlecht oder böse oder falsch. Sie werden erst falsch und schlecht, manchmal auch böse, durch die falsche Priorität, die sie im Leben bekommen. So werden sie zu Konkurrenten für Jesus, zu Götzen.

Die Hauptkonkurrenten im Leben der Jugendlichen heute

Beziehungen und Sex

Andere Menschen werden uns so wichtig, dass sie Jesus vom Thron unseres Herzens stoßen. Wir können nicht glauben, dass Jesus schöner ist als die Person, in die ich mich verliebt habe. Wir können nicht glauben, dass nichts glücklicher macht als Jesus allein.

Geld und Besitz

Entweder diene ich Gott mit meinem Geld oder ich diene meinem Geld – und Gott soll mir dabei helfen. Alles, was wir sehen, sagt uns: Geld macht glücklich! Geld macht frei. Geld gibt Sicherheit. Da fällt es uns schwer, das Gegenteil zu erkennen: Gott ist die Quelle. Gott ist der Versorger. Gott ist der, der uns Glück, Freiheit und Sicherheit gibt.

Leistung und Erfolg

Entweder verfolge ich meine Ziele und Gott soll mich segnen. Oder ich verfolge Gottes Ziele – und Gott segnet mich tatsächlich. Wir zweifeln an der Idee, dass Gottes Berufung für uns erkennbar oder erreichbar ist. Wir zweifeln daran, dass es für uns nichts Besseres geben kann, als in Gottes Willen zu leben. Unsere Ideen klingen auch ganz nett (und das sind sie auch). Darum wagen wir den Sprung nicht, weg von unseren Träumen, hin zum Traum, den Jesus hat.

Party und Musik

Entweder suche ich Spaß ohne Gott oder ich finde echte Freude (ja, und Spaß!) bei Gott. Wir glauben nicht, dass Jesus echtes Leben schenkt. Wir denken, davon versteht er nichts. Retten und Himmel und so, das kann er. Aber was wir hier brauchen, das ist nicht sein Business.

Religion und Gesetzlichkeit

Entweder ich kämpfe mich ab, um Gott zu gefallen, oder Gott kämpft für mich, weil ich ihm gefalle. Wir glauben nicht, dass Gott alles für uns getan hat – und tun darum selbst ganz viel für Gott. Wir glauben auch nicht, dass es seine Gnade ist, die genügt. Das kann doch nicht reichen. Jetzt bin ich dran und ich strenge mich auch ganz fein an.

Kannst du diese Konkurrenten wiederfinden? Im Leben deiner Jugendlichen, bei dir selbst? Bist du bereit, das, was Jesus sagt, zu glauben?

Kann Gott das wirklich wollen?

Wie geht es deinem Herzen? Das ist es, was Gott interessiert. Kann Gott wirklich wollen, dass ich nicht mehr in den Fußballverein gehe? Keine Ahnung. Kann sein. Wie sieht dein Herz aus? Ist es bei Jesus? Kannst du ihm durch dein Fußballspielen die Ehre geben? Oder hindert es dich daran?

Kann Gott wirklich wollen, dass ich …? Gott kann alles wollen. Und er kann von uns auch alles verlangen. Darf er das etwa nicht? Er hat schon von vielen Menschen alles Mögliche verlangt. Bis dahin, dass Menschen für ihn gestorben sind.

Sind wir dazu bereit, ihm alles anzuvertrauen? Ihn zu lieben? Ist er es wert?

Achtung! All das, was Jesus sagt und was er fordert, kann von uns grundlegend missverstanden werden. Damit das nicht passiert, ist das nächste Kapitel enorm wichtig.

11

Richtig ich! –
Deine Jugendlichen lieben sich selbst

Darf man das denn sagen? Darf man das wollen? Dass die Jugendlichen sich selbst lieben? Ist das nicht viel zu egoistisch gedacht? Und widerspreche ich mir hier nicht selbst – nach allem, was ich im letzten Kapitel geschrieben habe?

Ja und nein. Denn Himmel und Hölle liegen an dieser Stelle sehr nah beieinander. Auf den ersten Blick sieht es ziemlich gleich aus, ob einer arrogant und selbstbezogen ist oder in geistlich gesunder Weise selbstbewusst. Aber nur auf den ersten Blick.

Ich möchte hier kämpfen für innerlich starke, aufrichtig demütige, geistlich selbstbewusste Jugendliche. Denn ich bin davon überzeugt, dass wir das dringend brauchen. Starke Jugendliche, die mit einem geraden Rücken selbstbewusst ihren Mann und ihre Frau stehen. Weil sie wissen, wer sie sind. Gottes geliebte Kinder. Seine Erben. Teilhaber an seinem Reich. Das ist eine Frage der Identität. Und die liegt außerhalb von uns, in dem eben beschriebenen herrlichen Jesus. Dass er uns liebt, verändert alles.

Demütig sein kann nur, wer innere Stärke hat. Wirklich andere lieben kann nur, wer sich selbst angenommen hat und auch liebt. Das sagt Jesus ja auch, wenn er fordert: „Liebe deinen Nächsten wie dich selbst!"[13] Wir hören da manchmal ein „statt dich selbst". Aber Jesus weiß, dass das nicht funktioniert – schließlich hat er ja auch unsere Psyche gemacht. Er weiß auch, dass das gar nicht nötig ist. Im Gegenteil: Wer mit sich selbst im Reinen ist, der kann von sich wegsehen und andere lieben. Wer selbst in sich stark ist, kann andere aufrichten. Nur wer selbst schwimmen kann, kann andere, die es nicht können, aus dem Wasser ziehen.

 *Bring deinen Jugendlichen Schwimmen bei – damit sie andere retten können.*

Der beste Lehrer ist Jesus. Von ihm her müssen wir lernen, uns selbst zu entdecken. Das macht dann auch den Unterschied: Wenn ich mich von Gott geliebt weiß – so richtig tief und aufrichtig –, dann kann ich mich auch annehmen. Dann weiß ich, wer ich bin, weil ich weiß, wer mein Vater ist.

Im vorigen Kapitel haben wir über die unglaubliche Liebe Jesu zu uns gesprochen. Wie unverschämt groß die Liebe Gottes zu uns ist, die uns trotz unserer Sünde und trotz unserer dreckigen Verlorenheit erreicht. Wenn ich das verstanden habe, dann wächst meine Liebe zu Jesus. Und damit die Fähigkeit, mit mir selbst im Reinen zu sein. Denn wenn Gott mich rein gemacht hat, darf ich mich selbst auch so sehen.

Gott liebt mich. Wie könnte ich mich da nicht auch lieben? Das ist die zentrale Botschaft, die wir leben und vermitteln dürfen. Wenn das sichtbar wird, werden wir staunen über die Atmosphäre, die entsteht. Wir werden unsere Jugendlichen und unsere Jugendarbeit nicht wiedererkennen!

Was deine Jugendlichen wirklich brauchen

Auch die Psychologen wissen, dass es für einen Menschen nichts Wichtigeres gibt, als sich von jemandem geliebt zu wissen. Als Christen wissen wir, dass dieses Bedürfnis auf Gott hin angelegt ist. Und wir als Botschafter an Christi Stelle dürfen unseren Jugendlichen helfen, diese Liebe zu verstehen. Das gehört zweifellos zu den größten und schönsten Aufgaben, die man auf dieser Erde haben kann. Du kannst Teens und Jugendlichen in der spannendsten Entwicklungsphase ihres Lebens das Entscheidende mitgeben: Dass Gott sie mit einer tiefen Liebe liebt, die nichts erschüttern kann.

Aber wie können sie das begreifen? – Wir kennen die Antwort, oder?

Genau: Indem sie die Liebe durch uns spüren! Das ist die kräftigste Waffe, die wir haben. Sie müssen es an uns sehen. Wir müssen – nein, wir *dürfen* sie lieben. Das ist unsere Aufgabe. Unsere Passion. Unser Auftrag. Und das wird deine Jugendlichen stark machen. Für das Leben, das vor ihnen liegt. Für das Abenteuer, das sie erwartet.

Deine Teens und Jugendlichen befinden sich in einer spannenden Entwicklungsphase. Sie sind in einer Übergangsphase vom Kind zum Erwachsenen. Das ist für jeden Menschen eine Krise, in der viele Fragen hochkommen, die beantwortet werden müssen.

Das sind die Kernfragen deiner Jugendlichen:

- Wer bin ich?
- Bin ich wertvoll?
- Wo gehöre ich hin?

Konkreter kann das so aussehen:

- Was macht mich zu einem wertvollen Menschen?
- Wie unterscheide ich mich von meinen Geschwistern?
- Was kann ich eigentlich? Was will ich mal machen?
- Wie bekomme ich Anerkennung?
- Wie finde ich Freunde?
- Welche Charaktereigenschaft von mir kommt gut an? Welche Eigenschaft nervt alle an mir?

Jeder Jugendliche hat Hunderte von Fragen; die meisten kann er selbst gar nicht klar formulieren. Manche stehen ihm oder ihr aber förmlich ins Gesicht geschrieben. Wir dürfen ihnen helfen, diese Fragen von Jesus her zu beantworten. Denn Gott beantwortet diese Fragen in einer Weise, dass sie wirklich beantwortet sind. Darin liegt Freiheit und Entwicklung.

Der Vater liebt seinen Sohn

Ich finde es spannend, dass Jesus offensichtlich selbst eine Antwort auf diese Fragen brauchte. Wir lesen in Matthäus 3, dass Gott, der liebende Vater, seinem Sohn diese Fragen beantwortet, die auch er sich stellt: Bin ich wertvoll? Tu ich das Richtige? Wem gehöre ich?

Johannes der Täufer ist voll im Geschäft. Er predigt und tauft. Er ruft zur Buße auf und erzählt allen, dass er der Wegbereiter für den Messias ist. Und dann kommt er, der Gesalbte. Johannes weiß das als einziger. Keiner kennt Jesus. Keiner weiß, wer er ist und was er noch vorhat. Jesus lässt sich von Johannes taufen. Johannes will erst nicht, aber Jesus bittet ihn und sagt, dass es sein muss. Warum muss es geschehen? Die Taufe ist doch das Symbol der Reinigung von Sünde und Schuld und Jesus hat doch gar keine Schuld. Er war und ist der sündlose Sohn Gottes.

Aber Jesus identifiziert sich mit uns. Mit unserer Sünde, mit unserem Dreck – und stellt sich mittenrein. Die Bibel sagt uns nicht, was dabei in ihm vorgeht. Ob er sich unsicher fühlt, ob er jetzt, da er sich mit den Sündern identifiziert, noch der geliebte Sohn seines Vaters ist. Was immer in

Jesus vorgegangen ist: Der liebende Vater fand es wichtig und gut, seinen Sohn zu ermutigen. Öffentlich, sodass alle es sehen und hören konnten: „Das ist mein geliebter Sohn. An ihm freue ich mich!"[14]

Wow, was für ein Zuspruch! Welch ein toller Satz! Was für eine Wertschätzung vom himmlischen Vater.

Bin ich wertvoll? – O ja! Du bist mein *geliebter Sohn*. Ich freue mich an dir!

Tu ich das Richtige? – O ja! Du bist mein geliebter *Sohn*. *Ich freue mich an dir*, Jesus!

Wem gehöre ich? – Jesus, du bist *mein* geliebter Sohn! Ich freue mich an dir.

Der liebende Vater beantwortet mit diesem schönen Ausruf alle Kernfragen, die Jesus haben konnte. Und alle Fragen, die wir haben. Ja, wir sind Gottes geliebte Kinder! Ja, Gott freut sich an uns! Das ist unsere neue Identität – trotz aller Schuld und Sünde, die wir in unserem Leben noch immer sehen. Gott sieht sein Kind.

Wenn unsere Jugendlichen diese Realität verinnerlichen, werden sie ein Selbstbewusstsein entwickeln, das durch nichts zu erschüttern ist. Wir leben als Kinder Gottes. Als echte, vollwertige Kinder Gottes. Sodass Jesus uns sogar als seine Brüder (Geschwister) bezeichnet.

Wir sehnen uns danach, dass unsere Jugendlichen mit aufrechtem Gang und freiem Blick ins Leben gehen? Lasst uns ihnen vorleben und erzählen, wie geliebt sie sind!

Dabei ist mir eine Weisheit der Puritaner zur echten Hilfe und Richtschnur geworden, die Tim Keller öfter zitiert: „Ich bin sündiger, als ich jemals befürchtet habe – und zugleich geliebter, als ich jemals gehofft habe!" Das ist das Evangelium.

Geliebte Kinder Gottes

Wenn wir verstanden haben, wie schwer unsere Schuld vor Gott wiegt, dann ist der Gedanke, dass wir nun seine Kinder sein dürfen, fast zu groß, um ihn zu verstehen. Aber erst dann wird er auch so groß, wie er sein muss: Was für eine kraftvolle, unbändige, zielgerichtete Liebe muss Gott haben!

Wir sind Kinder Gottes. Jeder deiner Jugendlichen, der sich dafür entscheidet, kann als Kind Gottes leben. Diese Realität ist so kraftvoll, dass sie uns komplett verändert, wenn wir sie verstanden haben. Aber auch hier merken wir, wie schwer das vielen fällt. In einer Welt, in der viele ohne Vater aufwachsen. In der viele Väter komplett versagen. In einer Welt, in der kein Vater so ist wie Gott als der perfekte Vater.

Und trotzdem ist es wahr: Gott macht uns zu seinen Kindern. Und wenn es irgendetwas gibt, das uns mit allen unseren Verletzungen und Wunden heilen kann, dann diese Gewissheit. Wenn es irgendetwas gibt, das uns helfen kann, selbstbewusst, aufrecht und frei durch das Leben zu gehen, dann diese Gewissheit: Ich bin ein geliebtes Kind des lebendigen Gottes! Er freut sich an mir!

Wenn wir uns also wünschen, dass unsere Jugendlichen sich annehmen und frei werden von Zwängen, Gebundenheiten, Verletzungen und Komplexen, dann müssen wir ihnen helfen, die geistliche Realität zu erfassen: Du bist ein geliebtes Kind deines himmlischen Vaters. Sein Sohn. Seine Tochter. Nicht „wie ein Sohn" oder „wie eine Tochter", sondern tatsächlich, real. Im Römerbrief macht Paulus uns das so deutlich:

> *Alle, die sich von Gottes Geist leiten lassen, sind seine Söhne und Töchter. Denn der Geist, den ihr empfangen habt, macht euch nicht zu Sklaven, sodass ihr von neuem in Angst und Furcht leben müsstet; er hat euch zu Söhnen und Töchtern gemacht und durch ihn rufen wir, wenn wir beten: Abba, Vater! Ja, der Geist selbst bezeugt es uns in unserem Innersten. (Römer 8,14-16)*

Welch eine Kraft! Was für eine Aussage über uns und unsere Jugendlichen! Wir *sind* seine Söhne und Töchter. Das steht fest. Stell dir vor, wir würden in dieser Realität leben? Wäre das ein Unterschied? Worin läge er?

Aber das ist ja nicht die einzige Stelle in der Bibel, die uns helfen will, diese Wirklichkeit zu erfassen. Im Galaterbrief muss Paulus seinen Geschwistern ein bisschen nachhelfen. Sie wollen sich lieber durch Einhalten der Gesetzesvorschriften bei Gott beliebt machen. Ihm zeigen, dass sie würdig sind, seine Nachfolger zu sein. Aber es gibt nichts, was sie tun könnten, um würdig zu sein. Nichts in uns ist gut genug, um Gott zu beeindrucken. Aber Gott ist gut genug, uns zu befreien! Darum lässt er ihnen und uns von Paulus sagen:

> *Doch als die Zeit dafür gekommen war, sandte Gott seinen Sohn. Er wurde als Mensch von einer Frau geboren und war dem Gesetz unterstellt. Auf diese Weise wollte Gott die freikaufen, die dem Gesetz unterstanden; wir sollten in alle Rechte von Söhnen und Töchtern Gottes eingesetzt werden. Weil ihr nun also seine Söhne und Töchter seid, hat*

Gott den Geist seines Sohnes in eure Herzen gesandt, den Geist, der in uns betet und „Abba, Vater!" ruft. Daran zeigt sich, dass du kein Sklave mehr bist, sondern ein Sohn. Wenn du aber ein Sohn bist, bist du auch ein Erbe; Gott selbst hat dich dazu bestimmt. (Galater 4,4–7)

Das ist doch der Hammer! Stell dir vor, du würdest das tatsächlich glauben. Würdest du dann anders aus der Haustür gehen? Anders arbeiten? Anders studieren? Anders deinen Mitmenschen in die Augen sehen? Ganz bestimmt.

Diese Realität zu erfassen ist der Schlüssel für unser geistliches Leben. Und der Schlüssel für unsere Jugendlichen, um ihnen einen guten Start ins Leben zu ermöglichen. Ja, wir *sind* seine Töchter und Söhne. Das macht uns zu Erben. Wir haben Anteil an allem, was Gott gehört.

Bekommen wir das in unser Hirn, noch wichtiger: in unser Herz? Wie können wir das erfassen?

Wie erfassen wir die Liebe Gottes?

Wir müssen erkennen, dass Gott alles getan hat. Wir haben nichts getan. Wir können auch gar nichts tun und wir müssen es auch nicht.

Kennst du den fromm klingenden Spruch: „Jesus ist 99 Schritte auf dich zugekommen. Jetzt musst du nur noch diesen einen Schritt tun!"

Klingt gut – stimmt aber nicht. Wir müssen lernen, dass Gott alle 100 Schritte auf uns zugekommen ist. Und wenn wir einen zurückgehen, macht Gott auch 101 Schritte. Gott ist der Einzige, der uns retten kann. Er ist der Einzige, der uns halten kann. Und dass wir seine Söhne und Töchter sind, liegt nicht an uns. Nicht an unserer Fähigkeit. An unserer Frömmigkeit. An unserer Treue. An unserer Liebe. An unserem Gehorsam. Er ist es. Und wenn ich das nicht verstehen kann, werde ich die Tatsache, ob das wirklich gilt, immer anzweifeln. Denn ich weiß ja, dass ich aus mir heraus nicht würdig bin, Sohn oder Tochter zu heißen. Aber Jesus Christus hat mich würdig gemacht. Er war es. Er hat es getan.

Klar können wir schlechte Söhne sein oder ungezogene Töchter. Aber das ändert nichts an unserem Status und Gottes Liebe zu uns. Gott liebt uns immer 100 %. Ob wir das fühlen, glauben oder nicht. Wäre seine Liebe von uns abhängig, hätten wir alle ein Problem. Aber sie ist von ihm abhängig.

Das war die großartige Erkenntnis, die Martin Luther hatte und die uns bis heute prägt. Das Werk Jesu ist vollbracht! Es gibt nichts mehr, was ich hinzufügen müsste oder könnte. Weder durch mein perfektes Leben noch durch Selbstkasteiung. Gott hat alles getan. Ich darf darin ruhen. Luther nannte das die „passive Gerechtigkeit": Die Gerechtigkeit von Jesus wird zu meiner. Ich bin dabei nicht aktiv, sondern bekomme sie „passiv" geschenkt. Jetzt liebt Gott mich so, wie er Jesus liebt!

Das ändert alles. Denn Gottes Zorn, der ja Realität ist, trifft mich nun nicht mehr. Er hat Christus am Kreuz getroffen. Gott ist nicht mehr mein Richter, er ist jetzt mein Vater. Mein Papa, auf dessen Schoß ich krabbeln darf. Mein Vater, der mich liebt und sagt: „Mein geliebter Sohn, meine geliebte Tochter! Ich freue mich an dir!" Ich bin in seinen Augen vollkommen, als ob ich nie gesündigt hätte.

Aber das predigen wir unseren Jugendlichen nicht, oder? Wir predigen, dass Gott noch immer ihr Richter ist. Dass Gott immer noch böse auf sie ist, wenn sie sündigen. Dass sie so, mit dem ganzen Dreck, nicht zu Gott kommen können. Warum?

① 1. Wir glauben es selbst nicht so richtig.

Einerseits liegt es daran, dass wir das selbst nicht so ganz glauben können. Kann das wirklich wahr sein, dass Gott mich Vollgas zu 100 % liebt, in genau dem Moment, in dem ich mal wieder auf den falschen Internetseiten unterwegs bin? Dass er mir meine Sünde nicht vorhält? Kann es sein, dass er mich liebt, wenn ich mal wieder zu stolz und wütend bin, um meinem Bruder zu vergeben? In dem Moment, in dem ich so gehässig und überheblich über die eine da abgelästert habe?

Wir glauben es nicht. Aber es stimmt. Und seit ich selbst Vater bin, kann ich etwas besser glauben, dass es wirklich so ist. Ich liebe meine Kinder, sogar wenn sie mich bis an den Rand des Wahnsinns treiben. Der Unterschied zwischen Gott und mir ist: Sie treiben mich tatsächlich manchmal in den Wahnsinn. Und ich reagiere dann oft aus meiner Schwachheit heraus. Ich schreie meinen Sohn an, obwohl ich ihn liebe. Ein bisschen sogar, *weil* ich ihn liebe und er mir nicht egal ist.

Gott lässt sich von uns nicht in den Wahnsinn treiben. Er reagiert nie aus Schwachheit heraus, weil er keine besitzt. Gott ist immer voller Liebe zu seinen Kindern. Den gerechten Zorn, den wir tatsächlich verdient haben und immer noch verdienen, den hat Jesus auf sich genommen.

2. Wir sind misstrauisch: Ist das wirklich so einfach?

Der andere Grund und vielleicht der größere, warum uns das so schwer-fällt zu predigen, ist: Wir trauen der Sache nicht. Wir glauben, dass wir damit die Sünde relativieren. Gott hasst es doch immer noch, wenn wir sündigen. Gott hasst Hochmut und Stolz und Ungerechtigkeit. Wir haben Angst, dass dann ja wohl jeder machen kann, was er will. Dann wird sich ja nichts ändern. Dann sehen wir kein geistliches Wachstum, keinen Fort-schritt. (Und den will Gott doch!)

Stimmt: Gott will, dass wir geistlich wachsen. Gott will uns erziehen, damit wir heilig werden, denn er ist heilig. Er will uns helfen, damit wir lernen, die Sünde zu hassen und Gutes zu lieben. Dass wir rein leben und uns auf das ausrichten, was gut und wohlgefällig und recht ist. Das alles will Gott. Und das alles brauchen wir.

Aber wie kommen wir diesem Ziel näher? Durch Druck und Erwar-tungen? Durch Angst vor Gott? Durch Drohungen und Strafe?

„Regelion" funktioniert nicht

Wenn wir das geistliche Wachstum unserer Jugendlichen durch Regeln und Erwartungen entwickeln wollen, dann werden wir scheitern. Wenn wir glauben, unsere Gebote und Regeln und das Gesetz bringen Veränderung, dann sind wir damit zwar nicht allein. Aber die, die zu Jesu Zeit so dachten, sind nicht seine Freunde geworden. Wenn wir so an die Sache herangehen, dann haben wir vergessen, dass wir Kinder des lebendigen Gottes sind.

Mit Regeln und Geboten kommen wir zur Religion. Nur dumm, dass Religion fast immer wie von selbst zur *Regelion* wird. Regelion war aber nicht die Idee, die Jesus mitgebracht hat. Im Gegenteil: Diese Idee hat er bekämpft. (Die endlosen Debatten mit den Pharisäern erspare ich uns jetzt mal … ☺)

Religion sagt dir: Gott ist da oben. Du musst das und das tun, um dem da oben zu gefallen. Und wenn du das nicht tust, musst du mehr tun. Oder kurz: Streng dich mehr an!

Das Gesetz der Religion: Streng dich mehr an!

Deine Jugendlichen sollen Gott und ihren Nächsten lieben? Sag ihnen einfach: *Streng dich mehr an!* – Dein Lieblingsjugendlicher soll nicht mehr so gemein zu seiner Schwester sein? Genau: *Streng dich mehr an!* – Deine

Jungs sollen nicht mehr auf diesen Pornoseiten rumsurfen? *Jetzt reiß dich mal zusammen!* – Und wenn die endlich checken würden, dass sie großzügig mit ihrem Geld umgehen sollten, Mann! Also: *Strengt euch an!*

Du wünschst dir, dass deine Jugendlichen ihre Zeit sinnvoller einsetzen? Sonntags auch in den Gottesdienst gehen? Einen guten Umgang mit Alkohol finden? Sexuell rein leben? Ihren Freunden mutiger von Jesus erzählen? Regeln und Gebote werden ihnen nicht helfen. Genauso wenig wie sie uns helfen. Wir haben es ja schon versucht. Und klar, es hat geklappt – für zwei Wochen.

Paulus, der wohl bekannteste Missionar der Bibel, der uns außerdem die meisten Briefe im Neuen Testament geschrieben hat, war ein religiöser Mann und kannte unseren Kampf. Das kannst du im Brief an die Römer nachlesen: *„Ich verstehe selbst nicht, warum ich so handle, wie ich handle. Denn ich tue nicht das, was ich tun will; im Gegenteil, ich tue das, was ich verabscheue. Wenn ich aber das, was ich tue, gar nicht tun will, dann gebe ich damit dem Gesetz recht und heiße es gut."*[15]

Aber Religion (das Gesetz – welches auch immer …) kann dich nicht ändern. Das weißt du. Das „Gesetz" zeigt dir, wer du bist. Paulus verzweifelt an sich selbst. Ein paar Verse danach kommt er zu dem Fazit: *„Ich unglückseliger Mensch! Mein ganzes Dasein ist dem Tod verfallen. Wird mich denn niemand aus diesem elenden Zustand befreien?"*[16]

Warst du auch schon mal an dem Punkt? Vielleicht ist das genau der Punkt, der dich gerade anlächelt. Mit so einer fiesen Grimasse. Und dir sagt: „Du bist sowieso nicht gut genug. Du willst Jugendliche prägen? Lieber nicht!" Kann dich niemand befreien? Gibt es keine Hoffnung?

Paulus spricht hier von seinem Kampf. Aber das ist auch meiner. Und deiner. Da ist etwas, das hat Macht, unser Handeln zu bestimmen. Kennst du diese Macht? Du musst keine Hand heben. Die Bibel beschreibt das als „Sünde". Paulus nennt es „Sünde". Jesus nennt es „Sünde".

Heute sagen viele, dass wir Menschen alle eigentlich gut sind und halt nur ein paar böse Dinge tun. Macht das Sinn? Warum sollte jemand, der durch und durch gut ist, auf die Idee kommen, ab und zu etwas Böses zu tun?

Die Bibel sagt genau das Gegenteil: Wir sind alle durch und durch böse. Und tun nur aus Versehen mal gute Dinge. Das klingt für mich schon logischer. Da ich ja auch als böser Mensch weiß, dass es sich für mich lohnt, ab und zu nett zu sein. Und weil „Sünde" nicht einfach mal eine böse Minute unseres ja sonst so tollen Lebens ist, hat Gott eine grundlegende, alles umfassende Lösung gefunden. Bei manchen ist das noch ganz frisch. Bei anderen schon lange her. Aber es gilt: Wir haben jetzt eine neue Identität! Und in dieser müssen wir jetzt lernen zu leben!

Christus ist der, der uns befreit. Du kannst frei sein. Aber wie geht das? Was bedeutet das? Und wie kann ich das praktisch erleben, sodass es tatsächlich alles verändert? Was kann ich tun, dass meine Jugendlichen diese Freiheit wirklich erleben?

Diese Frage müssen wir beantworten, wenn wir eine lebensverändernde Jugendarbeit haben wollen. Und ich bin froh, dass Paulus dies in der Bibel tut. In seinem Brief an die Galater, die auch mit der Unfreiheit von Religion zu kämpfen hatten, beantwortet er uns diese Frage, indem er ihnen und uns diese Frage stellt:

> *Lasst mich nur das eine wissen: Habt ihr den Geist Gottes bekommen, weil ihr die Vorschriften des Gesetzes befolgt habt, oder habt ihr ihn bekommen, weil ihr die Botschaft, die euch verkündet wurde, im Glauben angenommen habt?*

> *In der Kraft des Heiligen Geistes habt ihr begonnen und jetzt wollt ihr aus eigener Kraft das Ziel erreichen? Seid ihr wirklich so bescheuert?*[17]

Das ist die Schlüsselfrage für unsere Jugendarbeit. In der Kraft des Heiligen Geistes haben wir begonnen. Gott hat alles getan, alles! Jesus allein hat dich gerettet. Nur er rettet deine Jugendlichen. Und jetzt? Wie geht es weiter, wenn wir als Christen leben? Sollen deine Jugendlichen jetzt selbst versuchen, gegen ihre Sünde zu kämpfen? Heiliger zu werden? Geistlich zu wachsen? Frei zu sein? Sollen wir uns selbst anstrengen, um ein besserer Mensch zu werden? Willst du es wirklich aus eigener Kraft tun? Bist du wirklich so bescheuert?

Also ich schon. Darum tut es mir gut, das neu zu hören: Die Gnade Gottes gilt mir. Bei meiner Rettung – und *seit* meiner Rettung. Immer. Jeden Morgen neu. Ich habe eine neue Identität. Ob es sich so anfühlt oder nicht.

Vielleicht ist hier ein kleiner Test angebracht, um den Stand der Dinge abzufragen:

Kleiner Test: Glaube oder Regelion?

Frage 1: Wie wurdest du gerettet?
- ☐ durch Einhalten von Geboten
- ☐ durch den Glauben an das, was du gehört hast

Frage 2: Wie wirst du geistlich wachsen?
- ☐ durch deine eigenen menschlichen Anstrengungen
- ☐ durch das Wirken des Heiligen Geistes

Das Gesetz gilt uns also nicht mehr. Es ist nicht mehr das, was uns hilft, geistlich zu wachsen. Aber Gott lässt uns nicht allein! Wenn du den Heiligen Geist in dir hast – und das hast du, wenn du Christ bist –, dann willst du ein besserer Mensch werden. Dann leidest du unter deiner Sünde.

Der Heilige Geist lebt in jedem Christen und will die Frucht des Geistes wachsen lassen: Liebe, Friede, Freude, Geduld, Freundlichkeit, Treue, Güte, Rücksichtnahme und Selbstbeherrschung.[18] Das sind alles Dinge, die das Gesetz nicht schafft. Das ist der Grund, warum in gesetzlichen Gemeinden meist so eine kalte Atmosphäre herrscht. Hast du das auch schon mal miterlebt? Die Früchte des Geistes sind Liebe und Freundlichkeit und nicht moralische Überheblichkeit und ein richtender Geist.

Der Heilige Geist hat uns ein neues Herz gegeben – ein neues „Betriebssystem". Es läuft nicht mehr nach dem Schema „Gesetz", sondern hat ein ganz neues Prinzip: Gnade! Gnade ist etwas völlig anderes als Regelion. Wenn wir die Gnade Gottes verstanden haben, wird sie uns verändern! Schaut mal, was Titus in seinem kleinen Brief schreibt:

> *Denn in Christus ist Gottes Gnade sichtbar geworden – die Gnade, die allen Menschen Rettung bringt. Sie erzieht uns dazu, uns von aller Gottlosigkeit und von den Begierden dieser Welt abzuwenden und, solange wir noch hier auf der Erde sind, verantwortungsbewusst zu handeln, uns nach Gottes Willen zu richten und so zu leben, dass Gott geehrt wird. (Titus 2,11-12)*

Die Gnade verändert uns. Sie erzieht uns. Sie ist das „System", das der Heilige Geist gebraucht, um uns zu verändern. Gnade hört bei unserer Rettung nicht auf – sie ist von nun an das bestimmende Element in unserem Leben! Sie verändert uns. Gottes Haupttrick dabei ist: Gnade tötet unseren Stolz. Alles, was ich bin, bin ich durch den Heiligen Geist. Alles in ihm. Von ihm. Durch ihn.

Wenn wir alles Gesetzliche aus unserem Leben streichen, alle Bemühungen, es selbst zu schaffen – dann verlieren wir die Kontrolle. Wir haben es nicht mehr im Griff. Wir verlassen uns auf Jesus allein. Und das ist der Knackpunkt. Dahin muss Jesus uns kriegen. Denn Selbstkontrolle war nie Gottes Ziel mit uns. Selbstbeherrschung ist ein *Ergebnis*, eine Frucht des Heiligen Geistes, die er uns schenkt. Gnade ist der Schlüssel.

Wir haben Angst vor zu viel Gnade. Weil wir denken: Dann macht ja jeder, was er will. Wir wollen kontrollieren. Auch unsere Jugendlichen. Wir wollen ihnen klare Regeln geben, so ticken die meisten von uns. Aber misstrauen wir dabei nicht Gottes Plan? Jesus hatte keine Angst vor zu viel Gnade. Er sagt zu Paulus:

Meine Gnade ist alles, was du brauchst, denn meine Kraft kommt gerade in der Schwachheit zur vollen Auswirkung. (2. Korinther 12,9)

Du brauchst nur den Heiligen Geist – und seine Gnade. Sie ist das neue Betriebssystem, das Gott dir schenkt. Das ist das Leben, das deine Jugendlichen verändert.

Wäre das nicht der Hammer, wenn deine Jugendarbeit von diesem Geist bestimmt würde? Wenn sich euer Leben so verändern würde? Wenn ihr diese neue Identität immer mehr erkennen würdet? Spürst du, ahnst du, was das mit euch macht? Mit eurem Umfeld?

Gott hat alles dafür getan.

Deine Jugendlichen lieben sich selbst? Ja – weil sie wissen, dass sie von Gott geliebt sind. Sie haben Gnade verstanden. Sie sind frei. Das verändert ihr Herz und ihr Leben.

12

Kann ich helfen? –
Deine Jugendlichen lieben ihre Nächsten

Vor einigen Jahren haben wir als Jugend jeden Freitag ein offenes Bistro angeboten. Unsere Jugendarbeit heißt FriZZ[19]. Und weil wir sowohl unsere Gemeindekids geistlich stärken wollten als auch die Kids und Jugendlichen aus dem Dorf erreichen, hatten wir zwei Mal in der Woche einen Jugendabend: dienstags „FriZZ impact" für die Frommen und die, die es werden wollen, und freitags ein offenes Programm für alle. Billard, Kicker, Spiele, Spaß. Es hat tatsächlich funktioniert: Die Jugendlichen aus dem Dorf sind gekommen. Die Hütte war meistens voll. Die Jungs und Mädels aus dem Dorf hatten Bock auf FriZZ und den Billardtisch. Warum auch immer – sie waren da. Hammer!

Zumindest ich fand das toll. Manche unserer Jugendlichen hatten da eine etwas „differenziertere" Meinung. An einem Abend kamen zwei Mitbürger mit türkischem Migrationshintergrund (habe ich das politisch korrekt ausgedrückt?) zum Billardspielen und Abhängen. Ich fand das super, einer unserer Gemeindejungs nicht so. Als er die zwei Jungs reinkommen sah, änderte sich sein Gesichtsausdruck von fröhlich zu angepisst: „Was wollen denn die A... hier?!"

Obwohl die Hütte meistens voll war, mussten wir das Bistro wieder einstellen. Denn echte Begegnungen zwischen unseren Jugendlichen und den normalen Jugendlichen aus dem Dorf haben selten stattgefunden. Die Berührungsängste waren zu groß.

Zu einem großen Teil konnte ich das sogar verstehen. Wenn du in der Schule oder im Bus von denselben Mitbürgern einen draufkriegst und gedisst wirst, dann willst du wenigstens am Freitagabend in „deiner" Jugend Ruhe haben. Unter sich sein. Ein nachvollziehbarer Impuls. Nur ist das halt nicht das, was ich meinen Jugendlichen wünsche. Wäre es nicht großartig, wenn sie weniger Angst hätten und dafür mehr Liebe? Wenn sogar ich weniger Angst und mehr Freiheit und Liebe für die hätte, die Jesus nicht kennen?

Es gibt einen Bibeltext aus dem Matthäusevangelium, der mir eine echte Hilfe geworden ist – für mich *und* für meine Jugendlichen:

> *Als er die vielen Menschen sah, ergriff ihn das Mitleid, denn sie waren so hilflos und erschöpft wie Schafe, die keinen Hirten haben. Darum sagte er zu seinen Jüngern: „Hier wartet eine reiche Ernte, aber es gibt nicht genug Menschen, die helfen, sie einzubringen. Bittet den Herrn, dem diese Ernte gehört, dass er die nötigen Leute schickt!" (Matthäus 9,36–38)*

Was siehst du?

Unser Gemeindekid hat etwas gesehen, als die zwei türkischen Jungs in „seine" Räumlichkeiten gekommen sind. Wir sehen etwas, wenn wir unsere Nächsten sehen.

Was siehst du, wenn du durch die Fußgängerzone deiner Stadt läufst? Wenn du bei deinem Lieblings-McDonald's an der Schlange stehst? Wenn du im Supermarkt einkaufst, auf dem Parkplatz davor einparkst? Wenn du dir auf dem Bildschirm die aktuellen Bilder des letzten Rock am Ring oder sonst eines Großevents anschaust, zu dem es viele Jugendliche aus Deutschland hinzieht? Was siehst du, wenn du auf Mallorca oder Ibiza am Strand entlangläufst?

Ich habe einige Jahre in einem Sozialbau gewohnt, da ich wenig Geld hatte und das praktisch war. Dort hat mich dieser Bibeltext besonders getroffen. Was sehe ich, wenn ich meine Nachbarn sehe? Weil, meine Nachbarn ... die waren ein wenig komisch. Ich würde ja gerne Mitleid für sie empfinden. Aber die hättet ihr mal sehen müssen. Oder riechen: eine Mischung aus altem Schweiß und Alkohol. Sie hockten ständig auf dem Parkplatz vorm Haus (welch schöner Ort!) und tranken ihr Bier. Und das wäre ja alles noch gegangen, aber dazu dann diese ekelhafte und viel zu laute Techno-Mucke! Nicht mein Geschmack.

Echtes Mitleid

Jesus sah die Menschen an – und hatte tiefes Mitleid, Erbarmen. Ich sah sie an und hatte Ekelgefühle. Oder kein Bock auf sie. Warum? Ich weiß, dass ich diese Menschen lieben soll! Dass ich jeden Menschen lieben soll. Du kannst das auch gerne deinen Jugendlichen predigen. Sie wissen das bestimmt schon. Wir sollen die lieben, die uns konkret begegnen. Aber das Wissen allein hat mir bisher nicht geholfen, auch nicht das angestrengte Wollen und Versuchen und Bemühen. Ja, ganz ehrlich – ich wollte und will meine Nachbarn eigentlich lieben. Weil ich ja Christ bin. (Und Jugendmissionar. Was bleibt mir da anderes übrig? ☺) Aber wie kann das gehen?

Jesus sieht die Menschen an. Was sieht er? Zunächst einmal sieht er eine objektive Wahrheit. Er sieht, was Sache ist: Die Menschen um ihn herum haben Sorgen – und wissen nicht, wen sie um Hilfe bitten können. Meine Nachbarn mit ihrem Bier hatten Sorgen! Und sie wussten nicht, wen sie fragen konnten.

Vor einigen Wochen wollte ich Fußball gucken. Bundesliga. Der VfB Stuttgart hat gespielt. Als alter Schwabe muss man das ja sehen, wenn man schon mal Zeit hat. Und da ich kein Sky besitze, bin ich ins Bowlingcenter in Bergneustadt gefahren. Da kann man essen, eine Apfelsaftschorle oder so trinken und Fußball gucken. Und man kann sich die anderen Gäste dort ansehen. Und da ich den Bibeltext aus Matthäus 9 gerade gelesen hatte, habe ich mal genauer hingesehen. Und tatsächlich: Ich habe ein klein wenig von dem gespürt, was Jesus empfunden haben muss.

Eine junge Dame ist mir besonders im Gedächtnis geblieben: etwas kräftiger von Statur, intensiv geschminkt – sie hat sich offensichtlich viel Mühe gegeben. Aber wenn ihr mich fragt, war sie nicht so erfolgreich. Sie wäre gerne besonders hübsch gewesen, aber sie war es einfach nicht. Und an ihrem Reden konnte ich sehen, dass sie krampfhaft versuchte, Bestätigung und Zuspruch zu bekommen. Wer sagt ihr, dass sie ein geliebtes Geschöpf ist? Die Jungs, mit denen sie unterwegs war, jedenfalls nicht. Die sind vielleicht froh, wenn sie mit ihr in die Kiste springen können, aber das wars. Sie macht vielleicht mit, weil sie sich davon Zuwendung erhofft. Dazugehören, mitreden können, cool sein müssen. Sie hat an dem Abend ziemlich viel Mist erzählt. Und viel zu laut.

Eigentlich wollte ich Fußball gucken, aber ich hatte Mitleid: Sie ist wie ein Schaf ohne Hirten! Meine Nachbarn – Schafe ohne Hirten. Wie sind denn Schafe ohne Hirten? Sie sind verirrt. Orientierungslos. Haben keinen, der ihnen hilft. Der sie mal streichelt und gern hat. Der auf sie aufpasst. Als Jesus die Menschen sah, „jammerte es ihn"[20]. Er hatte tiefes Mitleid! Jesus sieht, wer die Menschen sind. Er liest zwischen den Zeilen, wenn Menschen etwas sagen. Er sieht die objektive Wahrheit. Das bringt ihn dazu, Mitleid zu empfinden und eine subjektive Leidenschaft zu entwickeln.

Ich kann jahrelang dafür beten, dass Gott mir Mitleid und Liebe für meinen Nächsten, für meine Nachbarn, für die Jugendlichen in Deutschland gibt. Wenn ich die Augen nicht aufmache und hinsehe, die objektive Wahrheit nicht sehe, wird das nichts bewirken.

Fühlen, was du siehst

In verschiedenen Phasen meines Lebens habe ich immer mal wieder unterschiedlich lang dafür gebetet: „Herr, ich will meine Nächsten lieben. Hilf mir, sie zu lieben!" – Es hat nicht funktioniert. Aber manchmal ist es Gott gelungen, mir die Augen für die Wahrheit, für die Menschen zu öffnen. Und da kam die Leidenschaft, das Mitleid von selbst!

Vor ein paar Jahren sah ich ein Werbeplakat von irgendeiner Hilfsorganisation, das habe ich bis heute vor Augen. Von wem das Plakat war, weiß ich gar nicht mehr. Aber ich weiß noch genau, wie es aussah: Ein Dritte-Welt-Kind mit großen, traurigen Augen schaut dich direkt an. Und darunter der Spruch:

| *Wer fühlt, was er sieht, tut, was er kann.*

Bumm! Wenn du fühlst, was du siehst, tust du alles, was du kannst. Aber dazu muss ich hinsehen. Die Wahrheit über die Menschen sehen. C. S. Lewis hat das einmal sehr gut auf den Punkt gebracht: Wenn du einen Menschen siehst, siehst du nie nur einen Menschen. Du siehst eine Person, die ewig weiterleben wird. Entweder wird sie so schön sein, so rein, dass du das unmittelbare Drängen verspüren würdest, diese Person anzubeten, oder sie wird so hässlich und furchtbar sein, so entstellt und kaputt, dass du vor Angst und Furcht davonlaufen würdest. Keiner bleibt so, wie er ist.

Das ist die Wahrheit der Zukunft. Die Wahrheit der Gegenwart: Menschen ohne Gott sind wie Schafe ohne Hirten. Verloren. Traurig. Einsam. Und gleichzeitig eifrig bemüht, dass es niemand mitkriegt. Wenn Gott uns die Augen öffnet, dann werden wir lieben. Und das wird uns zu aktivem Handeln führen. Dich persönlich – und dich in deiner Jugendarbeit! Mit den offenen Augen fängt es an.

Interessant ist dabei noch, was Jesus uns als Reaktion auf unser Mitleid empfiehlt. Er sagt nicht: „Rennt los, fangt an und rettet, rettet, rettet! Macht Evangelisationen, Einsätze und predigt bis zum Umfallen!" Was sagt er? *„Bittet den Herrn der Ernte. "*[21]

Wenn du Mitleid hast: Bitte den Herrn der Ernte, dass er Arbeiter sende! Er muss es tun. Nicht du. Und wenn er dich schicken will, wird er dich schicken. Denn wenn du fühlst, was du siehst – dann tust du, was du kannst!

Die Frage ist: Was siehst du?

13

Alle raus hier! –
Deine Jugendlichen lieben ihre Freunde

Bis vor ein paar Jahren dachte ich, dass es zumindest theoretisch selbstverständlich wäre, dass eine Jugendarbeit auch immer evangelistisch sein will. Menschen retten will. Gleichzeitig habe ich natürlich in allen meinen eigenen Jugendarbeiten gemerkt, wie schwer das ist. Und ich habe entdeckt, dass die allerwenigsten Jugendarbeiten wirklich evangelistisch effektiv sind. Trotzdem: Dass man es zumindest sein will, weil das zum Auftrag der Jugendarbeit gehört, das habe ich angenommen.

Heute treffe ich immer mehr Jugendmitarbeiter, die mir sagen, dass sie das gar nicht – oder nicht mehr – als Ziel haben. Denn schließlich sei es ja auch wichtig, die Gemeindekids gut zu prägen.

Klar, das ist wichtig – aber nur weil eine Sache wichtig ist, wird eine andere damit ja nicht automatisch unwichtig. Ich sage ja auch nicht: Jetzt, da ich entdeckt habe, wie wichtig es ist, Gemüse zu essen, esse ich kein Obst mehr. Im Gegenteil: Beides ist gut. Und verstärkt den Effekt, den ich haben will. Also esse ich Obst *und* Gemüse. (Wenn meine Frau das liest, wird sie vermutlich laut lachen ☺.) Und auch wenn ich das in meinem Leben tatsächlich noch steigern kann und eher zu den Wenig-Obst-Essern gehöre, bin ich bisher noch nicht auf die Idee gekommen, ernsthaft zu behaupten, Obst zu essen sei irgendwie ungesund. (Oder für mich nicht wichtig, bei mir tut es auch Haribo …)

Aber in der Jugendarbeit scheint das mehr und mehr so zu werden. Wir meinen auf einmal zu verstehen, dass das mit dem Evangelisieren und Missionieren ja gar nicht unsere spezifische Aufgabe in der Jugendarbeit ist. Klar gibt es den Obst-essen-Befehl bzw. Missionsbefehl. Aber der gilt ja der gesamten Gemeinde, nicht der Jugendarbeit. Und wenn man halt nur Christen hat, dann hat man vielleicht auch einen anderen Auftrag ...

Ich glaube, das Gegenteil ist der Fall. Der Missionsauftrag, der natürlich der gesamten Gemeinde immer und zu allen Zeiten gilt, gilt besonders für die Jugendarbeit. Oder anders gesagt: Er kann besonders gut in der Jugendarbeit gelebt werden. Denn jede Generation kann ihre eigene Generation am besten erreichen. Und in der Jugendzeit entscheiden sich die meisten Menschen für Jesus. Über 90 % aller Christen haben sich vor ihrem 20. Lebensjahr für ein Leben mit Jesus entschieden.

Gott kann natürlich Menschen retten, wann er will und egal wie alt sie sind. Aber interessanterweise scheint die Jugend ein besonders gutes Alter zu sein, um Gottes Rettungsangebot zu entdecken. Also sind auch wir Jugendlichen und unsere Jugendarbeiten gefragt, diesen großartigen Auftrag zu leben.

Und ja: Das ist für die meisten eine große Herausforderung. Und sehr oft gelingt es nicht. Und das kann viele Gründe haben. Ich sehe vor allem zwei Gründe, die allen anderen Gründen zugrunde liegen:

1. Die Botschaft stimmt nicht.
2. Die Strategie stimmt nicht.

1. Die Botschaft stimmt nicht

Da sind wir wieder beim Thema von Sünde, Heiligkeit, Rettung und Gnade. Wenn wir selbst die Notwendigkeit des Kreuzes nicht jeden Tag spüren, vergessen wir, dass andere das Kreuz brauchen. Hier beobachte ich bei mir selbst wie auch in unserer Jugendarbeit ungute Entwicklungen in zwei verschiedene Richtungen:

a) Gott wird zu klein

Die einen relativieren die Sünde, indem sie Gott zu klein und kuschelig machen. So scheint uns die Botschaft, dass Gott einen Retter geschickt hat, weil die Menschen Rettung brauchen, nicht mehr so richtig stimmig und relevant (vgl. Kapitel 11).

Wir fragen uns, ob das denn für Gott wirklich so ein Problem ist, wenn wir nicht nach seinem Willen leben. Sollte Gott denn tatsächlich so engstirnig sein und nicht wissen, dass es für uns Menschen halt nicht so leicht ist, perfekt zu leben? Und weil das ja wirklich nicht so leicht ist, setzen wir den Maßstab herab, zwinkern Gott kurz zu und sind uns sicher, dass er das voll okay findet. Kein Sex vor der Ehe? War doch alles nicht so gemeint; Hauptsache, wir lieben uns. Nicht lügen? Na ja ... Lügen ist ja nicht gleich Lügen und eine kleine Notlüge hier und da hat noch keinem geschadet. Nicht abschreiben? Das macht doch nun wirklich jeder und die Lehrer wollen es doch auch. Gott ist unser Freund und Buddy, der versteht uns doch.

Selbstverständlich kann ich das alles auch theologisch begründen und eine Art entwickeln, mit der Bibel umzugehen, die jede Schärfe, Klarheit und Korrektur meines Ichs entkräftet. Das war doch alles bloß Kultur, nicht so gemeint und schon lange her. – Das klingt natürlich attraktiv und verlockend. Aber meine Vermutung ist, dass es manchmal nichts als Feigheit und Bequemlichkeit ist.

b) Ich werde zu groß

Die anderen relativieren die Sünde, indem sie ihre eigene Gerechtigkeit aufblähen. Sie halten sich für etwas Besseres als die „bösen Sünder in der Welt". Sie richten und verurteilen. Sie würden es nie so sagen, aber sie halten sich für erhaben über das Kreuz.

Diese Variante sieht richtig fromm und geistlich aus. Und bestimmt klopfen einem dabei auch viele auf die Schulter. „Ich würde ja nie so was machen wie der und der ..." Uns würde es nie einfallen, auf der Party zu viel zu saufen. Und diese bösen Wörter mit „f" und „sch", die denken wir nicht mal. Wir finden die interessantesten Gebote in der Bibel, nur weil wir sie auch halten können – und anderen zeigen können, dass sie es nicht tun.

Dass wir dabei am Ziel vorbeileben und der größten Sünde von allen auf den Leim gehen, merken wir nicht. Der Stolz macht uns blind. Wir denken, wir haben es im Griff. Wir brauchen die Gnade nicht mehr. Wir retten uns nun selbst: Wir machen unsere Stille Zeit. Wir gehen immer in jeden Gottesdienst. Wir falten die Hände brav beim Beten und kennen die Bibel rauf und runter. Super.

Dummerweise fühlen sich die anderen Sünder in unserer Gegenwart nicht wohl. Sie merken, wie wir über sie denken, und spüren, dass wir sie verurteilen. Das hilft ihnen aber nicht weiter. Darum sind wir unter uns, werden immer weniger und beklagen uns über die böse, harte Zeit, in der wir leben.

2. Die Strategie stimmt nicht

Wenn wir versuchen, unsere Freunde und unser Umfeld zu erreichen, müssen wir viel Kreativität und Gehirnschmalz investieren, um zu entdecken, wie das gehen kann. Dabei gibt es natürlich nicht die eine, perfekte Methode. Aber es gibt ziemlich viele, die eben nicht passen. Hier brauchen wir Mut – und ich glaube, auch viel Kreativität. Ist unser Programm einladend? Sind unsere Räumlichkeiten einladend? Ist unser Gesichtsausdruck einladend? Sind wir es?

Wir brauchen Ermutigung und Vorbilder. Wir brauchen den Mut für viele kleine Schritte. Und für größere Experimente. Hier ein paar kleine Schritte, mit denen wir alle wieder entdecken können, dass es gar nicht so schwer ist, evangelistisch zu leben. Und auch hier gilt zuerst: Liebe deine Mitmenschen. Bete für sie. Und dann fang doch einfach so an:

Kleine Schritte mit großer Wirkung

1. Lass deine Freunde wissen, dass du Christ bist und zu einer Gemeinde bzw. Jugendgruppe gehörst. Das ist für manche schon eine Überwindung. Betet als Jugendgruppe füreinander und seid eine Gemeinschaft, zu der man auch gerne gehört und für die man sich nicht heimlich schämt.
2. Stelle deinen Freunden Fragen über ihren persönlichen Glauben. Höre ihnen gut zu und respektiere ihre Meinung. Sag ihnen nicht gleich, was du glaubst – hör einfach zu und versuche zu verstehen.
3. Nimm die Probleme anderer wahr und höre ihnen zu. Und wenn dir einer erzählt, was ihn traurig macht, stresst, ihm Angst macht und ihn fordert, dann frag ihn doch einfach mal, ob du für ihn beten kannst. Und dann mach es.
4. Erzähle von deinen Problemen und Kämpfen – und wie Gott dir dabei geholfen hat. Wie er dir Vertrauen geschenkt hat, Frieden gibt, die Kraft gibt, anderen zu vergeben ... oder was auch immer du mit Gott erlebst.
5. Frage nach den Vorstellungen deiner Freunde über das Christentum, die Gemeinde, deine Gemeinde. Hör dir an, was sie von dir und euch denken.
6. Lade sie zu deiner Jugendgruppe oder Kleingruppe ein.

7. Lade sie zu einem Alpha-Kurs ein, einer Freizeit, einem Jugendgottesdienst oder sonst einer Veranstaltung, die ihr voller Wertschätzung für eure Freunde gestaltet.
8. Triff dich regelmäßig mit ihnen und sprich mit ihnen über dich und deinen Glauben.

Wenn auch nur 20 % deiner Jugendlichen solch einen oder einen ähnlichen Lebensstil entwickeln, dann werdet ihr erleben, dass Menschen Jesus finden. Dabei sind die acht Punkte nur eine Hilfe, kleine Schritte zu gehen, und keine Methode, die man einhalten muss. Sie sind eine Möglichkeit, rauszugehen, seine Freunde zu lieben und die Liebe zu Jesus und zu den Menschen zu leben.

14

Voll sozial! –
Deine Jugendlichen engagieren sich

Gott liebt Gerechtigkeit. Er erwartet, dass wir für Gerechtigkeit kämpfen. Und wenn die Bibel von Gerechtigkeit spricht, fordert sie eine konkrete Handlung. Meistens meint „gerecht": Gib etwas von dem, was du hast, an den, der es braucht. Kümmere dich um andere. Gib den Armen. – Mal ehrlich: Tun wir das?

Gott möchte als der bekannt werden, der sich um die Armen kümmert. Darum müssen wir ihn als jemanden bekannt machen, der sich um die Armen und Vergessenen kümmert. Das ist unsere Motivation für soziales und gerechtes Handeln. Darum gehört auch das zu einer Jugendarbeit, die vom Herzen bestimmt ist.

Nach meiner Beobachtung haben die meisten Gemeinden (und damit eben auch die meisten Jugendarbeiten) das soziale Handeln komplett vergessen. Oder bestenfalls delegiert. Ich übrigens auch. Wir spenden an Erntedank für ein gutes Projekt und dann noch zu Weihnachten. Manche von uns packen Geschenke in Schuhkartons und fühlen sich gut, weil sie jetzt einem armen Kind irgendwo auf der Welt eine Freude machen. Und wer das Thema so richtig auf dem Herzen hat, der finanziert vielleicht noch ein Waisenkind oder unterstützt regelmäßig soziale Projekte in Afrika.

Das alles ist richtig gut. Ich mache das auch. Aber ich glaube, dass es zu wenig ist. Ich glaube, Gottes Idee von Gerechtigkeit ist größer als sporadisches oder regelmäßiges Unterstützen von sozialen Projekten. Und wir als Jugendmitarbeiter haben die Chance, Gottes Anliegen in die Herzen der Jugendlichen zu pflanzen!

Die meisten evangelikalen, frommen, bibeltreuen, „wieauchimmerrichtigglaubenden" Gemeinden haben den Blick für Arme und soziales Handeln verloren. Und nicht nur das: Wir haben sofort Angst, unsere reine Lehre zu beschmutzen, wenn wir uns auf soziales Handeln konzentrieren. Hier sind wir Opfer unserer Geschichte. Denn es sind ja tatsächlich die „liberaleren" Kirchen und Gemeinden gewesen, die sich soziales Handeln auf ihre Fahnen geschrieben hatten und heute noch im Blick haben. Oft auf Kosten der Verkündigung und der Perspektive für die Ewigkeit. Aber bedeutet das, dass diejenigen, die sich als evangelikal oder bibeltreu bezeichnen würden, die biblischen Aussagen zu Gerechtigkeit, Armut und sozialem Handeln ausblenden dürfen?

Es gibt sie wirklich, die theologischen Verirrungen. Aber auf beiden Seiten. Praktisch begegnet uns das dann in zwei schrägen Arten, mit dem Thema umzugehen:

1. Gute Taten als Mittel zum Zweck

Manche missbrauchen die guten Taten als Lockvogel, damit sie dann auch endlich evangelisieren können. Dabei wird das Dienen und Tun von Gutem zum Vorwand für die Verkündigung. Kein Essen ohne Andacht. Kein Fußballturnier ohne Aufruf. Kein Geschenk ohne Traktat.

Wenn du aber nur Gutes tust, damit du auch predigen kannst, dann merkt man dir das an. Du verlierst deine Glaubwürdigkeit und damit die Autorität. Wenn die guten Taten nicht aus echter Liebe geschehen, dann haben sie auch keinen echten Wert.

Gute Taten sind nämlich wirklich gut. Auch an sich und einfach so. Gott freut sich darüber. Gott möchte Gerechtigkeit schaffen. Und wenn du Armen hilfst, Kranke besuchst, Häftlinge begleitest oder schwer erziehbaren Jugendlichen Liebe entgegenbringst, dann ist das einfach nur gut und Gott freut sich.

Als Jugendarbeit tun wir Gutes, weil wir Jesus kennen und lieben. Weil wir seine Kinder sind. Wenn du wissen willst, ob jemand wirklich aus Gnade gerettet ist, dann ist eines der deutlichsten Kennzeichen, dass er anderen gerne Gutes tut, dass er Armen hilft und Not lindert. Es geht gar nicht anders. Wer seine geistliche Armut begriffen hat, der hilft auch denen, die physisch arm sind.

2. Gute Taten als Ersatz für Evangelisation

Andere denken, Gutes zu tun sei schon an sich Evangelisation. Oder schon Gottes ganzes Ziel. Gutes zu tun und Not zu lindern ist das, was Gott von uns erwartet. Dem Nächsten Essen zu geben oder ein Lächeln auf sein Gesicht zu zaubern reicht dann, da muss ich nicht auch noch das Wort verkündigen.

Das ist auch ein fataler Irrtum. Denn Gott ist unsere Seele unendlich wichtig. Das kannst du zum Beispiel im 2. Korintherbrief nachlesen. Ich würde dabei nicht so weit gehen zu sagen, dass Gott die Seele wichtiger findet als den Körper, aber klar ist: Gott ist die Ewigkeit wichtiger als die kurze Zeit hier auf der Erde! John Piper, ein bekannter Theologe aus den USA, hat beim Lausanner Kongress 2010 in Kapstadt den wichtigen Satz gesagt: „We care about suffering. Especially about eternal suffering." (Was auf gut Deutsch heißt: „Uns ist das Leiden der Menschen sehr wichtig. Vor allem ihr ewiges Leiden.")

Sollten wir also je vor der Frage stehen, was wohl wichtiger sei – soziales Handeln oder Evangelisieren –, dann würde ich mich wohl für die Evangelisation entscheiden. Aber Achtung: Die Bibel erlaubt uns gar nicht, diese Frage zu stellen und zwischen einem von beidem zu wählen. Gutes tun und die Gute Nachricht weitergeben, das gehört zusammen.

Warum war Jesus hier?

Jesus kam auf die Erde und lebte vor 2000 Jahren mitten unter uns. Warum eigentlich? Als er sein öffentliches Wirken begann, las er in der Synagoge von Nazareth einen Text aus dem Alten Testament vor, um zu erklären, was er vorhatte. Ich finde spannend, welchen Text er da auswählte. In Lukas 4 kannst du das nachlesen:

> *Man reichte ihm die Buchrolle des Propheten Jesaja. Er rollte sie auf und las die Stelle, an der es heißt: „Der Geist des Herrn ruht auf mir, denn der Herr hat mich gesalbt. Er hat mich gesandt mit dem Auftrag, den Armen gute Botschaft zu bringen, den Gefangenen zu verkünden, dass sie frei sein sollen, und den Blinden, dass sie sehen werden, den Unterdrückten die Freiheit zu bringen und ein Jahr des Herrn auszurufen." (Lukas 4,17-19)*

Jesus macht klar, wer er ist und was sein Auftrag ist. Die meisten von uns wissen, dass Jesus kam, um uns Gnade, Rettung und Erlösung zu bringen. Gut so! Aber davon redet Jesus hier ganz am Anfang seines Dienstes nicht. Jesus sagt seinen Hörern und uns: „Ich bin gekommen, um Gerechtigkeit aufzurichten."

Jesus sucht Gerechtigkeit in dieser Welt. Das ist kein Widerspruch zu unserem dringenden Bedürfnis nach Erlösung. Und auch nicht zur Verkündigung der ewigen Rettung. Beides ist ein Ausdruck der richtig verstandenen Liebe und Gnade Gottes.

Wenn wir in unseren Jugendgruppen und Gemeinden einen Aufbruch erleben wollen, dann sollten wir die beiden Dimensionen des Evangeliums wieder zusammenbringen. Wer die Gnade Gottes verstanden hat, wird Gottes Gerechtigkeit aufrichten wollen. Und das betrifft auch die moralische Ebene, aber eben nicht nur: Es betrifft vor allem auch die soziale Ebene. Not lindern. Armen helfen. Ungerechtigkeit bekämpfen. Wenn wir das zusammenbekommen, sind wir auf der richtigen Spur.

Darum sucht nach Wegen in deiner Jugendarbeit, wie ihr das Leben könnt. Auch hier sind es wieder die kleinen Schritte, die helfen, konkret zu werden:

1. Fangt bei euch an

Helft euch gegenseitig in der Jugendgruppe! Wenn einer etwas braucht, lasst die anderen helfen. Fördert den Blick füreinander und teilt, was ihr habt: Geld, Zeit, Arbeit, Kompetenz … Das ist der erste Schritt.

2. Denkt für euer Umfeld

Findet heraus, was euer Dorf oder euer Stadtteil braucht! Was sind die Nöte eurer Klassenkameraden? Was die Bedürfnisse im Verein um die Ecke? Das ist gar nicht so leicht zu entdecken … also betet und haltet die Augen offen!

3. Werdet zur Lösung des Problems

Ihr könnt vielleicht nur einen kleinen Beitrag leisten, aber leistet ihn! Engagiert euch in eurem direkten Umfeld. Dabei müsst ihr das gar nicht immer als Jugendgruppe oder Gemeinde organisieren. Unterstützt die Jugendlichen, die das tun, die sich engagieren. Erfindet Projekte.

Was will Gott von mir?

Eine der häufigsten Fragen, die Jugendliche uns stellen, ist die nach Gottes Willen. Eine gute und sehr schöne Frage: Was will Gott von mir? Was soll ich mal tun? Was hat er mit mir vor?

Ja, er will, dass wir das wissen. Darum hat er uns ein paar klare Hinweise gegeben, was er von uns will. Einen sehr präzisen und leicht verständlichen Hinweis hat uns Gott durch den Propheten Micha hinterlassen:[22]

> *Der Herr hat dich wissen lassen, Mensch, was gut ist und was er von dir erwartet: Halte dich an das Recht, sei menschlich zu deinen Mitmenschen und lebe in steter Verbindung mit deinem Gott!*

Das klingt erst mal gar nicht so kompliziert. Nur dass „halte dich an das Recht" hier wieder Gerechtigkeit meint. Gott will, dass wir uns um Gerechtigkeit bemühen. Recht schaffen. Und das bedeutet: soziales Handeln. Gott sagt hier weiter, dass wir *menschlich* zu unseren Mitmenschen sein sollen. Das meint Güte, Freundlichkeit und Hilfsbereitschaft. Und wenn ich diese beiden Dinge zusammenbringe und freundlich und gerne Gerechtigkeit schaffe, dann verändert sich unsere Welt. Dann lebe ich demütig und in steter Verbindung mit meinem Gott. Wollen wir das nicht alle?

Ich sehne mich danach, dass ich Gott stärker erlebe. Dass meine Jugendlichen Gott in ihrem Alltag ganz konkret und praktisch sehen und erleben. Wir wollen ihn erfahren. Wir wollen in steter Verbindung mit ihm sein. Wenn wir Gerechtigkeit lieben und leben, wenn wir freundlich und voller Mitgefühl sind, dann spüren wir Gott in und durch uns.

Gottes Wesen zeigen

Gott will, dass wir ihn als den bekannt machen, der er ist. Also: Wer ist er? Er ist gerecht. Er ist gütig. Er ist großzügig. Er ist liebevoll. Er hasst Ungerechtigkeit. Er heilt Kranke. Er sucht die Sünder. Er nimmt sich der Schwachen an. Er sucht die Verlorenen. Er tröstet die Traurigen. Er verbindet die Wunden. Tun wir das auch?

Gott will, dass wir, die wir ja seine Ebenbilder sind, seine Güte und seine Sehnsucht nach Gerechtigkeit ausstrahlen. Dafür müssen wir sie leben. Und unsere Jugendarbeit kann und darf dabei der Raum sein, wo wir das entdecken und einüben.

Das Image unserer Gemeinde ist leider oft ein anderes. Eine gute Freundin von uns will auch nach mehreren Einladungen zu Veranstaltungen nicht in unsere Gemeinde kommen. Sie sagt, sie wäre „noch nicht so weit". Noch nicht so weit? Für was? Für wen? Offensichtlich meint sie, erst ein gewisses Maß an Angepasstheit, Frömmigkeit und Heiligkeit erreichen zu müssen, um bei uns willkommen zu sein. Ist dies das Image, das Gott haben will? Oder haben wir etwas missverstanden?

Wir sind ein kleines Dorf. Jeder kennt die „Freikirche". Jeder hat eine Meinung dazu. Und wir sind die, die dafür verantwortlich sind. Bestimmt würde es uns und den Menschen helfen, wenn unser Image näher an dem wäre, was Gott will. An dem, wie Gott ist.

Darum ist der Blick für die Nöte der Menschen um uns herum nicht bloß eine nette Idee. Keine Mode, kein sozialer Trend, der bald wieder vorbeigeht. Und er ist auch kein Mittel zum Zweck. Wir dienen unseren Mitmenschen nicht, weil wir etwas mit ihnen vorhaben, sondern weil das ein Ausdruck von Gottes tiefster Identität ist.

Also auch unserer.

15

Alle zusammen! –
Deine Jugendlichen lieben die Gemeinde

Jugendarbeit und Gemeinde – was für ein Minenfeld!

Es gibt Jugendarbeiten innerhalb einer Gemeinde, die alles abdecken, was Gemeinde ausmacht, und eine Parallelstruktur zur Erwachsenengemeinde darstellen. Ist das gut oder schlecht?

Es gibt Jugendarbeiten, da geht kein Jugendlicher in den Gottesdienst. Ist das gut oder schlecht?

Es gibt Jugendarbeiten, die sich kaum weiterentwickeln können, weil die Diskrepanz zwischen Jugend und Gemeinde dann noch größer würde und keiner mehr in den Gottesdienst will. Ist das gut oder schlecht?

Viele Jugendmitarbeiter bitten ihre Jugendlichen inständig, sich doch mehr in der Gemeinde einzubringen, und denken dabei insgeheim: Ich würde das ja auch nicht tun, wenn ich nicht müsste. Ist das gut oder schlecht?

Aber es gibt auch sie: Jugend- und Gemeindearbeiten, die generationenübergreifend ihr Dorf und ihre Stadt erreichen. Jugendliche, die gerne in den Gottesdienst gehen. Jugendliche, die gerne mitarbeiten in Gemeindegruppen und im Gottesdienst. Begegnungen zwischen Generationen, die sich konstruktiv bereichern.

Die Gemeinde – Hoffnung der Welt!?

Die Gemeinde (und das meint die lokale Ortsgemeinde) ist die Hoffnung der Welt. Daran glaube ich. Eine Gemeinde, die generationsübergreifend funktioniert, Jugendliche liebt und im Blick hat, sich gegenseitig fördert und ermutigt – so eine Gemeinde finde ich so wertvoll, dass ich gerne dafür kämpfe!

Aber manchmal braucht man dafür wirklich einen großen Glauben. Ein Hoffen auf das, was möglich ist – und ein „Festhalten an dem, was man nicht sieht"[23]. Denn Gemeinde ist in Wahrheit oft ein sehr kompliziertes Ding. Mit vielen Spannungen, Konflikten und Kopfschüttelpotenzial. Da kann man sich tatsächlich leicht entmutigen lassen.

Das tun ja auch viele. In den letzten 100 Jahren hat es wohl noch keine Generation gegeben, die so frustriert von Gemeinde war (oder diesen Frust zumindest zugelassen hat). Und so zahlreich die Institution Gemeinde verlässt. Leider heißt das für die meisten auch, dem Leben mit Gott gleich ganz den Rücken zu kehren.

Ich kann das oft gut verstehen. Ich kenne selbst die Frage: „Was bringt es mir eigentlich, in den Gottesdienst zu gehen?" Und wenn ich gefragt werde, ob ich in der Gemeinde geistlich auftanke, dann muss ich erst mal eine Weile nachdenken ... Ja, in der Gemeinschaft tanke ich auf. Im Hauskreis tanke ich auf (und der ist ja auch Teil der Gemeinde). In der Jugendarbeit tanke ich auf. Aber im Gottesdienst? Nur sehr selten.

Wenn es uns in unserer Jugendarbeit nicht gelingt, trotz aller Schwierigkeiten eine Liebe zur Gemeinde zu wecken, dann werden unsere Jugendlichen den Sprung aus der Jugendarbeit in die Gesamtgemeinde nicht schaffen. Mit fatalen Folgen für die geistliche Zukunft unserer Jugendlichen und unseres Landes.

In den USA schaffen diesen Sprung laut Erhebungen vom GALLUP-Institut nur 30 % der jungen Erwachsenen. Das ist schockierend! Und ich beobachte bei uns eine ähnliche Entwicklung: Sprich mit einem Jugendlichen oder jungen Erwachsenen, der aus einer normalen traditionellen Kirche oder Freikirche kommt, und du sprichst mit hoher Wahrscheinlichkeit mit einem Gemeindefrustrierten. Das sollte uns wachrütteln!

Ich habe selbst noch viele Fragen. Und es gibt hier auch keine leichten Antworten. Aber was mich anspornt, die Gemeinde als Gottes Braut nicht aufzugeben, ist die Tatsache, dass Gott selbst sie nicht aufgibt. Gemeinde ist Gottes Idee. Er liebt sie. Trotz aller Runzeln und allem Mist, den die Gemeinden produzieren – Gesetzlichkeit, Sünde, Lieblosigkeit, Cliquengehabe, Machtmissbrauch, Festhalten an überholten Traditionen, Beliebigkeit und faulen Kompromissen –: Jesus hat die Gemeinde nicht aufgegeben. Sie bleibt seine Braut.

Paulus, der große Missionar und Gemeindegründer, hat diesen Frust gekannt. Und wenn ich mal versuche, mich in seine Haut zu versetzen, dann merke ich: Ich kann Gemeinde nicht aufgeben. Paulus hat das Evangelium verkündet und Gemeinden gegründet. Oft unter Einsatz seines Lebens. Und dann besaufen die sich beim Abendmahl, haben Sex mit ihren Schwiegermüttern und Prostituierten, leugnen die Auferstehung, streiten sich über theologische Lächerlichkeiten und wollen die alten gesetzlichen Rituale wieder einführen. Da würde ich einen Anfall bekommen! Und ja, Paulus wird schon deutlich in der Auseinandersetzung mit diesen Themen, aber er verliert nie seine Liebe zur Gemeinde. Und seine Hoffnung.

Bei aller berechtigter Kritik an Gemeinde: Die Liebe für die Gemeinde dürfen wir nicht verlieren. Sie ist Gottes Idee. Wir sind dafür verantwortlich, die Liebe zur Gemeinde an die nächste Generation weiterzugeben.

Ein paar Fragen und Gedanken, die dir dabei helfen können:

1. Wie siehst du deine Gemeinde?

Eine nicht zu unterschätzende Frage. Liebst du die Gemeinde noch? Gelingt es dir noch, das Bild vom Leib Christi und von der Braut Christi zu glauben? Bei den Gestalten, die da rumlaufen und predigen? Bei all den Konflikten, Streitereien und Spaltereien?

Aber wenn deine Ältesten, Presbyter, Pastoren, Leiter (oder wie auch immer die bei dir heißen) Jesus lieben und ihm nachfolgen wollen, dann bete für sie und gib die Hoffnung nicht auf. Gott hat die Hoffnung auch noch nicht aufgegeben.

2. Wie sprichst du über deine Gemeinde?

Ja, es gibt viel zu kritisieren. Ja, keine Gemeinde ist perfekt. Und vielleicht ist deine auch besonders schlimm. Trotzdem sollten wir darauf achten, das große Bild nicht aus dem Blick zu verlieren. Wir müssen uns und unseren Jugendlichen helfen, die Liebe Jesu zur Gemeinde im Blick zu behalten, Barmherzigkeit zu üben und für Veränderung zu beten. Unsere Sprache verrät unser Herz. Wenn wir selbst nur meckern oder abfällig von unserer Gemeinde reden, werden wir nichts erreichen.

Spannend ist auch der Sprachgebrauch von „Jugend" (oder „Jugendarbeit") und „Gemeinde". Das klingt oft wie zwei unabhängige Größen, als ob die Jugendarbeit ein Gegenüber zur Gemeinde sei. „Wir in der Jugend" – „die in der Gemeinde". Aber Jugendarbeit *ist* Gemeinde und ein Teil von ihr. Und wenn du von „der Gemeinde" redest, meinst du als Teil der Jugend auch immer dich mit. „Warum ändern die nix?" wird dann zu: Warum ändern *wir* nix?

3. Was heißt es für dich, Gemeinde zu lieben und zu leben?

Es gibt nicht die eine Art, wie Jugendarbeit und Jugendliche in einer Gemeinde integriert sein können. Es gibt nicht den einen Weg, die Liebe zur Gemeinde praktisch zu leben. Vielleicht ist eine Parallelstruktur tatsächlich der beste Weg für euch. Es kann aber auch sein, dass deine Jugendlichen keine Lust haben, im Gottesdienst mitzuarbeiten, obwohl das vielleicht ein erstrebenswertes Ziel für sie wäre.

Ob ihr euch in gemeindlichen Prozessen einbringt oder nicht: Das Ziel ist, die Gemeinde zu lieben und deinen Jugendlichen zu helfen, die Braut Christi wertzuschätzen und sich als Teil davon zu sehen. Als Jugendmitarbeiter solltet ihr euch fragen: Was bedeutet das für uns vor Ort? Was braucht unsere Gemeinde? Wie können wir uns weiterentwickeln?

4. Die Gemeinde braucht eure Jugendarbeit mehr als ihr sie

Eure Jugendarbeit ist Gemeinde. Das ist klar. Dabei ist die Gesamtgemeinde dringend auf euch angewiesen. Wer soll Innovation und Veränderung voranbringen, wenn nicht ihr? Wer soll der älteren Generation helfen zu verstehen, warum manches in Sachen Stil einfach nicht mehr funktioniert? Wer soll ihnen sagen, dass Lieder aus dem 16. Jahrhundert nicht immer alle gleichermaßen begeistern – und dass die dunkle Vertäfelung in der Gemeinde auch nicht mehr ganz auf der Höhe der Zeit ist? Wer hilft der Gesamtgemeinde, evangelistisch und progressiv zu sein?

Veränderung kommt in so gut wie allen Fällen aus der jungen Generation. Ihr habt den Blick dafür. Ihr habt den Mut dafür. Ihr habt die Power. Wenn ihr jetzt noch Liebe für die Gemeinde habt, seid ihr die Hoffnung für eure Gemeinde! Und damit für Gottes Braut an eurem Ort.

5. Liebe braucht keine Perfektion

Auch wenn das jetzt vielleicht etwas zu platt klingt: Liebe sucht nicht das perfekte Gegenüber. Hast du bestimmt auch schon gemerkt. Liebe macht manchmal wirklich blind. Als nicht Verliebter staunt man ja manchmal, was das Verliebtsein mit Menschen macht und wer wen so alles heiratet. Und auch wenn wir nicht blind werden sollen: Wir dürfen lieben, ohne dass alles an der Gemeinde so ist, wie es sein sollte. Denn Liebe und Tat verändert deutlich mehr als Genervtsein und Passivität. (Das ist dir sicherlich auch schon mal aufgefallen ... ☺)

Die Gemeinde lieben, obwohl sie manchmal ein ziemlich invalider Leib Christi zu sein scheint. Auch das schaffen wir nicht aus eigener Kraft. Gut dass Jesu Liebe groß genug ist. Stell dir einfach mal vor, ihr hättet alle Bock auf eure Gemeinde. Liebe und Leidenschaft dafür. Und einen langen Atem und Mut und Power, die Gemeinde als Braut Christi wieder schön zu machen und zu schmücken, sodass Jesus sich daran freut. Wäre das nicht spitze?

6. Manchmal ist Abschied die einzige Option

Und trotzdem gibt es auch Gemeinden, da macht das alles keinen Sinn. Das ist leider die Realität. Manche Gemeinden sind so weit weg von Jesus, manche Strukturen sind so festgefahren, dass die größte Liebe von euch, von dir, da nichts bewirken kann. Dann kann es tatsächlich der richtige Schritt sein, sich eine andere Gemeinde zu suchen.

Mein Verdacht ist, dass es sich in unserer mobilen Zeit zu viele zu leicht machen und die Gemeinde wechseln wie ihr Unterhemd. Diese Leute meine ich jetzt nicht. Aber es gibt auch die, die an ihrer Gemeinde verzweifeln und den Glauben verlieren. Die spüren, dass ihre Gemeinde ihnen nicht nur nicht hilft, geistlich zu wachsen, sondern das Wachstum sogar kaputt macht. Euch möchte ich ermutigen. Betet, redet mit Gott drüber. Und sucht euch einen Ort, an dem ihr zu Hause sein könnt. Es gibt keine perfekte Gemeinde, aber es gibt destruktive Gemeinden. Und wenn ihr zu wenig seid, um etwas ändern zu können, oder sonst keine Möglichkeit habt, dann trefft eine mutige Entscheidung.

Paulus hat noch einen Tipp für uns, wie wir uns als Jugend in der Gemeinde verhalten sollen. In seinem ersten Brief an die Gemeinden in Thessaloniki schreibt er: *„Geschwister, wir bitten euch, die anzuerkennen, denen der*

Herr die Verantwortung für eure Gemeinde übertragen hat und die mit uner-
müdlichem Einsatz unter euch tätig sind und euch mit seelsorgerlichem Rat zur
Seite stehen."[24]

Die Jesus-Bewegung ist von Anfang an eine Bewegung von *Gemeinden.*
Von verbindlichen Gemeinschaften vor Ort. Die Liebe Jesu zu seiner Ge
meinde hört nicht auf. Für sie ist er gestorben. Wir brauchen ihn als Herrn
der Gemeinde. Wenn wir Jesus lieben, lieben wir auch den Leib, dessen
Haupt er ist.

16

Bis für immer! – Wie deine Jugendlichen geistlich erwachsen werden

Manchmal habe ich einen schlechten Tag. Da bin ich frustriert oder einfach nur müde und ausgelaugt. Dann wächst eine Sehnsucht in mir, den ganzen Kram einfach hinzuwerfen. Nicht schon wieder Kleingruppe, ich bin müde. Nicht schon wieder ein Abend mit Gesprächen über geistliche Themen, ich habe nichts mehr zu sagen. Nicht schon wieder predigen, Zeit mit Jugendlichen verbringen. Ich kann nicht mehr! Warum hab ich nicht einfach einen „normalen" Job?

Da fahre ich dann mit meinem Mountainbike an einer Kuhwiese vorbei und wünsche mir, bloß eine doofe Kuh auf der Weide zu sein. Ohne Verantwortung, ohne geistliche Kämpfe. Einfach grünes Gras fressen und weiße Milch geben. Dann liege ich im Bett und frage mich: Lohnt sich der Aufwand wirklich? Die ganze Zeit und Energie, die Investition in Jugendliche?

Diese Frage muss ich mir immer wieder neu beantworten. Die Kuh-Fantasie legt sich zum Glück schnell wieder. Aber die Grundfrage bleibt länger im Kopf: Lohnt sich das wirklich?

Gut dass Gott mich dann ermutigt. Letzte Woche kam eine SMS von Till, mitten in der Nacht: „Hey Markus, ich durfte heute Abend über Epheser 5 predigen. Danach hatte ich ein tolles Gespräch über die Kraft des Evangeliums. Danke dass du mir das damals beigebracht hast. Liebe Grüße und einen gesegneten Tag." Hammer! Und wäre ich ein bisschen näher am Wasser gebaut, würde ich Freudentränen weinen.

Dann höre ich von Daniel. Lange ein spannender Wackelkandidat in meiner Kleingruppe. Viele Krisen, schwere Erlebnisse, große Fragen. Tausend Gespräche, hundert Gebete (oder umgekehrt). Jahre später dann die Nachricht: „Es geht mir gut. Ich liebe Jesus. Ich habe mich taufen lassen. Danke für deine Geduld." Okay ... bitte! ☺

Mir fallen noch viele andere Namen ein: Bernd. Dan-Björn. Arne. Michi. Christoph. Henry. Florian. Hans-Jakob. Usw. Und jeder Name ist für mich ein Beweis: Ja, es lohnt sich, Menschen zu prägen und zu begleiten!

Wir pflanzen gute Samen in das Leben junger Menschen. Und wir wünschen uns, dass sie aufgehen. Dabei gibt es eine große Frage, die ich am Schluss dieses Buches stellen und so gut wie möglich auch beantworten will:

Was kannst du tun, damit deine Jugendlichen kontinuierlich geistlich wachsen? Oder konkreter: Was kannst du tun, damit deine Jugendlichen geistlich reife Männer und Frauen werden, die Jesus lieben?

Diese Frage hat uns als Jumi-Team in den letzten Jahren stark beschäftigt. Was kann ich tun, damit ein Jugendlicher, der meine Jugendarbeit verlässt, Jesus liebt, sich selbst liebt, seinen Nächsten liebt und die Gemeinde liebt? Wenn Stefan das Abi in der Tasche hat und wegzieht – was kann ich dazu tun, damit ich mir sicher bin: Der geht mit Jesus weiter? Er wird sich eine Gemeinde suchen, wenn er nach Berlin zieht?

Bei den meisten Jungs meiner Kleingruppe konnte ich das vorhersagen: Bei manchen war ich mir sicher, dass sie einen guten Weg gehen. Bei anderen war mir klar, dass es schwer wird. Das bewegt mich. Das bewegt uns als Team. Ich liebe meine Jugendlichen und wünsche ihnen eine immer größer werdende Freiheit in Christus. Geistliches Wachstum. Ein erfülltes Leben.

Als Jumi-Team in Wiedenest haben wir viel darüber nachgedacht, gesprochen und Ideen entwickelt. Im November 2012 haben wir bei einer Teamklausur lange diskutiert, Flipchartblätter vollgemalt und Protokolle zusammengetippt. Dann habe ich versucht, das zu bündeln und zu strukturieren, und bin dabei auf ein paar spannende Faktoren gekommen.

Erst war ich noch etwas unsicher, ob man das so angehen und festhalten kann. Ich habe versucht zu reflektieren, was wir daraus machen für die Jugendarbeit des Forum Wiedenest und die Jugendarbeit vor Ort, was wirklich relevant ist. Mitten in diesem Prozess ist mir ein Buch von Andy Stanley[25] zwischen die Finger gekommen, in dem er die Frage anspricht, wie Menschen geistlich wachsen. Als Gemeinde haben sie dabei fünf zentrale Faktoren definiert. Und jetzt kommt der Hammer: Sie sind inhaltlich identisch mit denen, die wir entwickelt haben!

Warum ich das so cool finde? Weil mich das motiviert, diese fünf Faktoren, Merkmale, Prinzipien oder wie immer du sie nennen willst, tatsächlich ernst zu nehmen und anzuwenden. Offensichtlich sind das nicht nur unsere Ideen, sondern allgemeingültige Faktoren. Und wenn du sie liest, klingen sie auch irgendwie einleuchtend und nachvollziehbar. Und das Beste daran: Sie fassen alles, was du in diesem Buch gelesen hast, noch einmal gut zusammen.

Du liebst deine Jugendlichen? Du bist mit Herzblut dabei? Du sehnst dich auch danach, dass deine Jugendlichen zu geistlich starken Persönlichkeiten werden? Also gut:

5 Faktoren, die deine Jugendlichen geistlich wachsen lassen:

1. lebensverändernde Lehre
2. persönliches geistliches Leben
3. herausfordernde Mitarbeit
4. fördernde Beziehungen
5. Schlüsselerfahrungen

Wenn du kurz in dich gehst und überlegst, was die Faktoren in deinem eigenen Leben waren, die du rückblickend als entscheidend für deine geistliche Entwicklung siehst, dann werden sie bestimmt unter eine dieser fünf Überschriften passen. In den letzten Monaten habe ich einige Mitarbeiterkreise deswegen befragt. Ich wollte mit ihnen diese fünf Faktoren für ihre Jugendarbeit diskutieren und habe ihnen zunächst diese Frage gestellt: Wie bist du geistlich gewachsen? Und auch hier stellte sich heraus: Wirklich jede Antwort passte in diese fünf Kategorien.

Wenn wir uns also die Faktoren ansehen, kannst du dich immer fragen: Was könnt ihr in eurer Jugendarbeit tun, um diese fünf Faktoren zu schaffen, zu fördern, wahrzunehmen, zu nutzen und zu entwickeln?

1. Lebensverändernde Lehre

Ja, die Verkündigung des Evangeliums ist und bleibt wichtig. Ja, „Lehre" ist ein entscheidender Bestandteil einer guten Jugendarbeit. Einfach nur chillige Zeit miteinander zu verbringen und tolle Gemeinschaft zu haben genügt nicht. Aber: Einfach nur biblisches Wissen mit tollen Zahlen und Fakten zu vermitteln ist auch zu wenig.

Beide Extreme kenne ich aus Erfahrung. Da gibt es Jugendgruppen, die halten sich für Experten beim Thema Lehre. Eine Jugendstunde ist quasi eine Bibelstunde mit allen Fakten, die man über Melchisedek, die Ammoniter und jüdische Hochzeitsfeste finden kann. Das ist auch nett. Die Kernfrage dabei ist aber: Ist eure Lehre darauf ausgerichtet, Leben zu verändern? Wissen die Jugendlichen hinterher, in welchem Jahr Methusalem in welchem Alter gestorben ist oder worauf es morgen in der Schule ankommt? Verstehen sie theoretische Wahrheiten über die Liebe Gottes oder merken sie etwas von seiner lebensverändernden Liebe? Alles Lehren muss sich daran messen lassen, was sich im Leben verändert. Pures Wissen zu vermitteln ist noch kein biblischer Auftrag.

Ich kenne genug alte Menschen, die die Bibel beinahe auswendig kennen. Dass sie deswegen geistliche Vorbilder geworden sind, ist leider selten der Fall. Also: Sind eure Bibelarbeiten, Predigten, Andachten am lebendigen Wort Gottes ausgerichtet – und zielen sie auf die tatsächliche Herzens- und Lebensveränderung ab?

Diese Frage will gut beantwortet werden. Gott spricht durch sein Wort, aber wir müssen auch Gehirnschmalz darein investieren, wie wir das Wort ansprechend und lebensnah entfalten. Gottes Wort langweilig oder oberflächlich zu predigen ist eine Sünde, die mehr kaputt macht als aufbaut.

2. Persönliches geistliches Leben

Ohne tägliche Stille vor und mit Gott wird es nicht funktionieren. Bei dir nicht, bei mir nicht, bei unseren Jugendlichen nicht. Und hier wird es spannend. Wir sind so emanzipiert von den scheinbar gesetzlichen Vorstellungen, dass man ja wohl nicht geistlicher ist, wenn man morgens Stille Zeit macht. Wir suchen 9 Wege, Gott zu lieben, 12 Arten, Gott zu kennen, und 47 Methoden, seine Stimme zu hören. Ist auch alles fein. Aber ohne die persönliche Zeit mit Gott, ohne Beten und Bibellesen fehlt ein entscheidendes Element, wenn wir geistlich wachsen wollen.

Aber es ist zu wenig, das einfach zu fordern. Wir müssen unseren Jugendlichen helfen, das Privileg der „Audienz bei Gott" neu zu entdecken. Und kreative Wege finden, wie wir unseren Jugendlichen dabei helfen können. Für mich selbst ist das ja noch immer ein täglicher Kampf, warum sollte es bei den Jugendlichen anders sein? Darum überlegt euch, wie ihr ihnen helfen könnt: gemeinsame Bibellesepläne, gute Fragen und Bibeltexte für die nächste Woche, Bibellesegruppen, Gebetskreise ... Lasst euch was einfallen und lasst eure Jugendlichen nicht allein damit. Und fallt nicht darauf rein, dass wir es ohne geistliche Disziplin schaffen könnten!

3. Herausfordernde Mitarbeit

Es gibt wenig Momente, in denen ich Gott stärker erlebe als in der Jugendarbeit. Dort wo ich ins kalte Wasser geworfen werde. Wo man mir etwas zutraut und einen Job anvertraut, den ich nicht zu können glaube. Dann fange ich an zu beten. Dann suche ich Gottes Hilfe und erlebe ihn in einer besonderen Art und Weise. Gönne deinen Jugendlichen diese Momente. Gib ihnen Raum, mitzuarbeiten. Trau ihnen was zu. Übergib ihnen Verantwortung. Und lass sie Gott darin erleben.

Meine erste Predigt war ein Gebetsprojekt. Anspannung, Nervosität, kurze Panikattacken ... dann Dankbarkeit, Begeisterung. Wahnsinn! Gott, wie hast du das geschafft? – Das wünsche ich jedem.

4. Fördernde Beziehungen

Wir brauchen Menschen, die an uns glauben. Vorbilder, an denen wir uns orientieren. Menschen, denen wir vertrauen. So sind wir geschaffen. Ein Kleingruppenleiter wird zur Schlüsselperson in der geistlichen Entwicklung eines Jugendlichen. Die Jugendmitarbeiter haben eine besondere Chance, in das Leben der Jugendlichen hineinzusprechen. Fördert ihr das? Sucht ihr nach Wegen, fördernde Beziehungen zu entwickeln? Auch hier müssen wir wahrscheinlich noch kreativer werden. Mentorenkonzepte, Kleingruppenkonzepte – alles das kann helfen.

Wenn ich zurückblicke, dann gibt es unzählige Vorbilder, die mich auf meiner geistlichen Reise geprägt haben. Wenige davon waren strategische Beziehungen, die meisten haben sich einfach ergeben. Zumindest habe ich das gedacht ☺. Im Rückblick sehe ich, dass meine Jugendleiter durchaus strategisch in mein Leben hineingesprochen haben, und ich bin ihnen unendlich dankbar dafür.

5. Schlüsselerfahrungen

Gott schenkt Momente, die besonders tief und intensiv sind. Erwin McManus nennt sie „Divine Moments". Momente, die unser Leben komplett verändern können. Das kann eine schlimme Krise sein wie der Tod eines nahen Verwandten. Oder aber auch ein besonders schöner, starker Moment, den man sich auf natürliche Weise nicht mehr erklären kann: bei einer Predigt, einem bestimmten Lobpreislied, in einem Gespräch. Momente, die Gott schenkt.

Trotzdem glaube ich, dass wir diese Momente auch suchen und fördern können. Wir können Räume schaffen, in denen Jugendliche Gott besonders begegnen. Wir können es bewusst zu herausfordernden Momenten kommen lassen, die das Potenzial haben, zu einem göttlichen Moment zu werden. Momente, in denen wir die Komfortzone des Gewohnten verlassen.

Deshalb planen wir Missionseinsätze in krassen Ländern: unter Flüchtlingen in Athen, in Moldawien, in Afrika. Das werden meistens Wochen, die ein Leben auf den Kopf stellen. Und dann machen wir dort Dinge, die wir normalerweise nicht tun: auf Englisch predigen, Kinderlieder auf der Straße singen, im Altenheim „Mensch-ärgere-dich-nicht" spielen. So was hat hohes Schlüsselmoment-Potenzial! Gott gebraucht diese Momente, um sie zu göttlichen Momenten zu machen.

Plant verrückte, mutige, herausfordernde und grenzüberschreitende Projekte – und betet dafür, dass Gott diese nutzt. Eure Jugendlichen werden es nicht vergessen. Und später werdet ihr dann so tolle SMS bekommen wie ich: „Damals hast du ... danke!"

Sich investieren in Jugendliche? Es lohnt sich wirklich!

Jetzt aber Schluss!

Ich glaube fest daran, dass Gott auch in Deutschland wieder Großes tun will. Und ich bin mir sicher, dass er unter Jugendlichen damit beginnen wird. Ich bete dafür und wäre überglücklich, wenn ich das noch erleben und ein Teil davon werden dürfte. Wenn ich sehen dürfte, dass Gott eine zweite Reformation schenkt. Eine Erweckung. Einen Aufbruch. Das Evangelium hat die Kraft dazu. Gott hat die Macht dazu. Gott liebt die Jugendlichen in Deutschland – also lasst uns doch gemeinsam dafür beten und dafür kämpfen!

Ja, das erfordert Herzblut. Das geht nicht mit einem Geist der Pflichterfüllung und der kleinen Erwartungen. Aber ich bin mir sicher, ich bin nicht allein. Und da du bis hierher tatsächlich gelesen hast, glaube ich: Du bist dabei. Du willst es auch. Unser Herz schlägt im selben Takt. Du sehnst dich auch danach. Ja, wir wollen Jugendarbeit bauen, die Herzen verändert. Weil Gott ein Gott ist, der Herzen verändert. Und der uns liebt. Darum geben wir alles. Darum sind wir mit Herzblut dabei.

Gott segne dich – und durch dich deine Jugendlichen!

Anmerkungen

1   „Gott allein die Ehre!" (Latein).

2   Biblisch-Theologische Akademie.

3   FriZZ = F(euer und Flamme), R(adikal), I(nteraktiv), Z(eit mit Gott), Z(usammen); mehr Infos im Netz unter www.frizzimnetz.de. EFG = Evangelisch-Freikirchliche Gemeinde (Baptisten und Brüdergemeinden).

4   „Jumi" = Jugendmissionare.

5   So heißt es in der Lutherübersetzung. Prediger 1,14; 2,11.17.26; 4,4.16; 6,9.

6   Bill Hybels, *Die Mitarbeiterrevolution*, Asslar 2005 (Gerth).

7   Karsten Hüttmann, „Wie bewege ich Teens zum Mitmachen und zur Mitarbeit?", in: *TEC: Material Teen- und Jugendarbeit*, Heft 3/2002 (Born-Verlag).

8   Eine ausführlichere Beschreibung davon findest du bei Bill Hybels, *Mutig führen – Navigationshilfen für Leiter*, Asslar 2002 (Gerth Medien), S. 91ff.

9   Johannes 14,15 und ähnliche Stellen im Johannesevangelium.

10 Vers 17-27.

11 Vers 57-62.

12 David Platt, *Radical – Taking Back Your Faith from the American Dream*, Multnomah Books 2010.

13 Aus Matthäus 22,39 und Parallelstellen, vgl. Kapitel 2.

14 Matthäus 3,17.

15 Römer 7,15-16.

16 Römer 7,24.

17 Galater 3,2-3; statt „bescheuert" steht in der Neuen Genfer Übersetzung eigentlich „unverständig".

[18] Galater 5,22.

[19] Die Bedeutung von FriZZ ist in Anmerkung 3 erklärt.

[20] So hat Martin Luther die Stelle in Matthäus 9,36 übersetzt.

[21] Vers 38 dieses Bibeltextes, hier nach Luther.

[22] Micha 6,8, nach der Guten-Nachricht-Übersetzung.

[23] Nach Hebräer 11,1.

[24] 1. Thessalonicher 5,12-13.

[25] Das Buch heißt *Deep & Wide, Creating Churches Unchurched People Love to Attend,* Grand Rapids 2012 (Zondervan).

Gott ehren – Jugendgruppen dienen – Jugendliche inspirieren

Wir inspirieren und ermutigen dich!

Auf unseren Freizeiten, auf der Pfingstjugendkonferenz, durch gute Seminare, Schulungen, Konferenzen, Predigten... Weil das Evangelium lebensnah zu den Menschen transportiert werden muss. Weil Gott lebendig ist und dir begegnen will!

Wir dienen deiner Jugendgruppe!

Durch Coaching und Beratung, durch Schulung und durch Konferenzen, Seminare, Kurse – in Wiedenest, in deiner Region und in deiner Gemeinde vor Ort. Weil deine Jugendarbeit vor Ort den entscheidenden Unterschied macht.

Wir ehren Gott!

Wir Jumis lieben Jesus, folgen ihm und leben in der Berufung, die er uns schenkt. Es gibt für uns nichts Schöneres, als Gott zu kennen! Er ist unser Leben – und wir wollen es mit euch teilen!

Als Teen- und Jugendreferenten (Jumis) sind wir Teil des Jugend- und Gemeindeforums des Forum Wiedenest e.V.
Wiedenest ist ein international tätiges Glaubenswerk und hat drei große Arbeitsbereiche: Weltweite Mission, Biblisch-Theologische Akademie, Jugend- und Gemeindeforum.

Mehr Infos über unser Team, unsere Arbeit und wie wir dir dienen können gibt es hier:
> www.jumis.wiedenest.de
> www.facebook.com/diejumis
> www.pfijuko.de

Kontakt zu uns bekommst du über:
> jugend@wiedenest.de

ForumWiedenest
Jugend- und Gemeindeforum.

Gerd Goldmann

Was Gemeinden heute brauchen

*Handbuch für Gemeindeleitungen
und engagierte Mitarbeiter*

278 Seiten – 13,5 x 20,5 cm – gebunden
14,95 EUR[D], 15,40 EUR[A], CHF 22,50
ISBN: 978-3-939577-20-1
Bestell-Nr.: 652.820